HTML5 웹소켓 프로그래밍

HTML5 웹소켓 프로그래밍

안전하고 확장 가능한 실시간 웹 애플리케이션 개발

밴고스 피터니어스 지음 류영선 옮김

i!i
에이콘

지은이 소개

밴고스 피터니어스^{Vangos Pterneas}

내추럴 유저 인터페이스^{natural user interface}와 현대적 혁신 기술에 열정을 가지고 있는 소프트웨어 엔지니어다. 웹과 모바일 기기용 스마트 클라이언트 개발을 좋아하며, 다양한 규모의 iOS와 윈도우, 키넥트^{kinect}, HTML5 개발에 전문적인 경험을 쌓아왔다.

마이크로소프트 이노베이션 센터에서 소프트웨어 엔지니어와 컨설턴트로 일하면서 다양한 EU 연구 프로젝트에 참여했고 수많은 기술 프리젠테이션과 워크숍에서 발표했다. 이제 자신의 회사인 라이트버즈 소프트웨어^{LightBuzz Software}를 설립해 대중에게 새로운 개념의 소프트웨어를 소개하고 있다. 라이트버즈 응용프로그램은 뉴욕에서 개최된 마이크로소프트의 월드와이드 혁신 경연대회에서 1등을 차지했으며, TEDx의 라이징 스타 프로그램에서도 역시 1등을 했다.

이 책 외에도 팩트 출판사에서 발간한 『Augmented Reality with Kinect』를 감수했다.

코딩하지 않을 때는 기술에 대한 블로그를 작성하거나 웹 사이트(http://lightbuzz.com)를 통해 오픈 소스 유틸리티를 제공하기를 좋아한다.

> 내 작업에 인내를 가지고 응원을 보내준 귀여운 고양이들(픽셀, 벡터, 아폴로) 모두에게 감사의 말을 전하고 싶다.

기술 감수자 소개

산레미 체아^{Sann-Remy Chea}

프랑스 파리에 위치한 웹 게임 전문 회사인 유비소프트 올리언트^{Ubisoft Owlient}에서 소프트웨어 엔지니어로 일하고 있다. 석사학위 과정 중 수천 명이 즐긴 게임 두 개를 만들었으며, 유비소프트와 IBM에서는 인턴으로 일했다. 웹 응용 프로그램 개발을 좋아하고 HTML5에 특화한 전문가이며 주로 자바스크립트로 개발하고 있다. 트위터(@srchea)에서 산레미를 팔로우할 수 있다.

> 먼저 이 책의 저자인 밴고스 피터니어스의 멋진 작업에 대해 감사의 말을 전하고 싶다. 또한 감수를 위해 연락을 해준 니샨스(Nishanth), 이 책을 감수하는 동안 도움을 준 아카쉬(Akash), 모하메드(Mohammed)에게도 감사를 전하고 싶다. 마지막으로 이 책을 작업한 팩트 출판사 편집 팀에게도 감사의 말씀을 전한다.

웨인 예^{Wayne Ye}

소프트웨어 개발자이자 기술 리더로, 긱^{geek}이다. C#/ASP, .NET, 루비 온 레일즈^{Ruby on Rails}, HTML5, 자바스크립트/제이쿼리^{jQuery}와 node.js 등으로 약 8년간 소프트웨어 개발에 몰두하고 있다. GOF 디자인 패턴과 S.O.L.I.D 원칙, MVC/MVVM, SOA, REST와 AOP에 능통하며, 애자일^{Agile}과 스크럼^{Scrum}, TDD/BDD를 강력하게 신뢰하고 있다. 매일 Vim으로 해킹을 시도하고 있으

며, 코드 프로젝트^{CodeProject} MVP(2012년)이자 공인 PMP이다. 여가 시간에는 블로그(WayneYe.com)에 기술과 삶에 대한 글을 쓰면서, 사랑하는 아내, 아들과 함께 행복한 시간을 보내고 있다.

3D 디자인과 엔지니어링, 엔터테인먼트 소프트웨어에서 세계적인 리더로 일하고 있다. 오토데스크^{Autodesk}는 사람들이 상상하고 디자인해 더 나은 세상을 만들 수 있게 도와준다. 또 디자인과 비즈니스, 환경적인 도전을 해결할 수 있도록 고객에게 폭넓은 경험과 광범위한 소프트웨어 포트폴리오를 제공하고 있다. 디자이너와 아키텍처, 엔지니어, 미디어 및 엔터테인먼트 전문가뿐만 아니라 학생과 교육자, 비전문 개발자들도 사용자 친화적인 응용프로그램을 통해 창의적 아이디어를 발산할 수 있게 도와주고 있다.

또한 팩트 출판사에서 출판한 『Cucumber BDD How-To』의 저자이기도 하다.

가족의 강력한 지원과 이해에 감사 드린다. 아카쉬 푸자리(Akash Poojary) 의 끈기 있는 지도와 지원에도 감사한다.

옮긴이 소개

류영선 youngsun.ryu@gmail.com

소프트웨어 엔지니어로서 오랫동안 웹 브라우저와 웹 서버를 개발했다. 그 경험을 바탕으로 현재는 W3C를 비롯한 여러 국제 표준화 단체에서 웹과 관련된 표준화 업무를 담당하고 있다. 최근에는 PC에서 벗어나 모바일 환경이나 DTV, 디지털 사이니지Digital Signage, 웨어러블Wearable, 오토모티브Automotive 등의 다양한 IoT 장치에 웹 기술을 접목하는 오픈 웹 플랫폼에 관심을 갖고 관련 기술을 연구 중이다. 아울러 워크숍, 세미나 강연, 학술 기고를 통해 오픈 웹 플랫폼과 웹 기술을 전파하는 데 힘쓰고 있다. 옮긴 책으로는 에이콘출판사에서 펴낸 『반응형 웹 디자인』(2012), 『HTML5 웹소켓 프로그래밍』(2014), 『WebRTC 프로그래밍』(2015), 『자바스크립트 디자인 패턴』(2016), 『자바스크립트 언락』(2017), 『객체지향 자바스크립트 3/e』(2017), 『사물인터넷 자바스크립트 프로그래밍』(2018), 『모던 C++ 프로그래밍 쿡북』(2019), 『산업인터넷 애플리케이션 개발』(2020) 등 다수가 있다.

옮긴이의 말

웹소켓은 폴링이나 스트리밍 등 기존의 클라이언트 서버 간 통신의 한계를 극복해주는 새로운 양방향 통신 방법으로 실시간 응용프로그램 개발에 필수적인 기술이다. 비교적 쉬운 기술임에도 불구하고, 이를 처음 접하는 개발자들이 기존의 HTML5 입문 도서에 나와 있는 수준의 설명으로 완벽하게 이해하고 실제 개발로 연결시키기에 부족할 수밖에 없었다. 그런 의미에서 웹소켓 기술만을 다루는 이 책은 프론트엔드 개발자들에게 가뭄의 단비와 같은 양서가 될 것으로 기대된다. 얄팍하지만 필요한 알짜배기 정보들은 모두 담고 있다. 옆에 두고 편안한 마음으로 읽다 보면 어느덧 책 한 권을 독파하는 기쁨을 맛볼 수 있을 것이다.

최근에는 HTML5의 열기가 살짝 시들해져 보인다. 하지만 이는 HTML5에 대한 지나친 기대와 관심 때문이 아니었나 생각된다. HTML5만 있다고 모든 문제가 마법같이 해결될 수는 없다. HTML5는 좋은 도구 중 하나일 뿐이다. 여기에 어떤 재료를 덧붙이고 아이디어를 가미해 얼마나 좋은 제품을 만들어내느냐는 결국 개발자들의 몫이다. 웹소켓이 바로 그 중요한 재료 중 하나가 될 것이다.

책이 출간된 후 몇 년 동안 웹 개발 환경에 많은 발전이 있었고 웹소켓은 이제는 웹 개발에서 빼놓을 수 없는 중요 기술이 됐다. 웹 환경의 발전 속도가 그렇듯이 이 책의 출간 후 WebSocket API에도 일부 변화가 있었다. 하지만 이 책이 작성된 시점의 WebSocket API는 이미 규격이 안정돼 있었기 때문에 지금이라도 책의 내용을 이해하고 예제를 따라 해보는 데 지장은 없다. 다만 이 책에 소개된 웹사이트 중 일부는 현재 연결이 되지 않는 경우도 있다. 참조가 필요한 중요한 웹사이트는 변경된 주소를 각주로 달아 놓았으니 책을 읽어 나가는 데 큰 문제는 없으리라 생각된다. 모쪼록 이 책이 웹소켓의 핵심 내용을 이해하고 멋진 제품을 만드는 데 이바지하기를 기대해 본다.

꽤 많은 노력을 기울였지만, 저자의 의도를 충분히 전달하지 못하거나 잘못 번역된 부분이 있을 수 있다. 잘못된 부분이나 책의 내용과 관련한 어떠한 질문이나 의견을 보내주시면 소중히 다루겠다.

끝으로 항상 내 삶의 원동력이 돼 주는 아내 지은과 딸 예서, 사랑하는 가족에게 감사를 드린다. 이들이 옆에 없었다면 이 책은 결코 완성되지 못했을 것이다.

목차

4장   데이터 전송: 송신, 수신, 디코딩   69

에이콘출판의 기틀을 마련하신 故 정완재 선생님 (1935-2004)

들어가며

웹소켓^{WebSocket}은 HTML5 세상에서의 교류^{handshake} 기술과도 같다. 웹소켓은 서버와 클라이언트 사이에서 양방향 통신을 제공해 좀 더 부드럽고 빠르며, 효율적인 웹 응용프로그램이 가능하게 해준다. 이 책은 웹소켓의 기능을 충분히 활용해 현대적인 웹 응용프로그램을 만드는 전체 과정으로 안내해준다. 이 책을 통해 서버와 클라이언트를 구성하고 텍스트와 멀티미디어를 전송하며, 보안 레이어를 추가하고 구형 브라우저에 폴백을 제공하는 과정에 대해 차례차례 배우게 될 것이다. 또한 이 기술을 확장해 HTML5 웹소켓 프로토콜을 모바일과 태블릿 클라이언트에서 네이티브 응용프로그램으로 동작시키는 방법도 알게 될 것이다.

이 책에서 다루는 내용

1장, '웹소켓: 소개!'에서는 웹소켓 프로토콜을 요점 위주로 간략하게 소개하고 웹의 양방향 통신 필요성에 대해 설명한다. 그리고 영감을 제공해주는 몇몇 실제 사례들을 소개한다.

2장, '웹소켓 API'에서는 웹소켓 API의 기본 개념을 소개하고 웹소켓 클라이언트 응용프로그램을 구현한다.

3장, '서버 구성'에서는 효과적으로 진정한 양방향 통신을 지원할 수 있게 서버 측의 주요 기능을 구현한다.

4장, '데이터 전송: 송신, 수신, 디코딩'에서는 웹소켓으로 텍스트, 이미지, 멀티미디어 등 다양한 유형의 데이터를 처리하는 방법을 설명한다.

5장, '보안'에서는 웹소켓 응용프로그램 실행 시 발생할 수 있는 몇 가지 일반적인 보안 위험에 대해 알아보고 시스템 안정성을 보장하는 방법을 제공한다.

6장, '에러 처리와 폴백'에서는 오류가 발생했을 때 처리하는 방법과 구형 브라우저에서 웹소켓 동작을 어떻게 에뮬레이션할 수 있는지에 대한 해답을 제시한다.

7장, '모바일과 태블릿'에서는 웹소켓 기능을 모바일 세계로 확장해 아이폰이나 아이패드에서 웹소켓 앱을 네이티브로 실행하는 방법을 알아본다.

'부록'에서는 흥미로운 논쟁 기사를 포함한 몇 가지 추가 리소스를 제공한다.

준비 사항

이 책을 통해 최상의 결과를 얻기 위해서는 현대적인 웹 브라우저와 텍스트 편집기가 필요하다. 웹소켓 응용프로그램을 빌드하고 디버그하는 데 도움이 되는 몇 가지 소프트웨어는 다음과 같다.

- 개발자 도구를 포함한 구글 크롬, 인터넷 익스플로러, 모질라 파이어폭스, 오페라 브라우저
- 압타나^{Aptana}나 웹매트릭스^{WebMatrix} 같은 텍스트 편집기

서버 측 예제를 고려할 때, C# 코드를 사용하기로 선택한 경우 다음이 필요하다.

- .NET 프레임워크 3.5 이상
- 비주얼 스튜디오 2010 이상

마지막으로 모바일 및 태블릿 예제를 고려할 때, iOS를 선택한 경우 다음이 필요하다.

- 맥 OS X 10.7 이상
- 엑스코드^{XCode} 4.5 이상
- 애플 개발자 라이선스

서버와 모바일, 태블릿 측의 기술은 자유롭게 선택하기 바란다. 어떤 도구나 SDK를 선택해도 기본 방법론과 기술은 동일하다.

이 책의 대상 독자

이 책은 현대적인 웹 응용프로그램 개발에 관심이 있는 전문 소프트웨어 개발자 및 연구원, 학생들을 대상으로 한다. HTML과 자바스크립트, 적어도 하나 이상의 서버 측 기술에 대한 기본 지식이 필요하다. 모바일 플랫폼에 대한 지식이 있다면 7장 '모바일과 태블릿'을 최대한 활용하는 데 많은 도움이 될 것이다. 이 책은 웹소켓 프로그래밍에 대한 원칙과 기본 지식을 안내한다. 따라서 이 책에서 배운 지식을 다른 전문 분야에 응용할 수 있을 것이다.

편집 규약

이 책에서 사용되는 본문과 구분되는 몇 가지 스타일과 그 의미는 다음과 같다.

본문에서의 코드 단어는 다음과 같이 표기한다. "이 데모에서는 `echo.websocket.org` 서버를 사용했다."

코드 블록은 다음과 같이 표기한다.

```
h1 {
  color: blue;
  text-align: center;
  font-family: "Helvetica Neue", Arial, Sans-Serif;
  font-size: 1em;
}
```

컴퓨터 화면에 표시되는 메뉴나 대화 상자의 텍스트는 다음과 같이 표시했다.
"Solution Explorer 탭에서 References 아이콘을 마우스 오른쪽 버튼으로 클릭
하고 Add new reference를 선택한다."

 경고나 중요한 참고 사항은 이와 같은 박스로 표시된다.

 팁과 트릭은 이렇게 표시된다.

독자 의견

독자 의견은 언제나 환영이다. 이 책에 대한 여러분의 생각(좋은 점이든 나쁜 점
이든)을 알려주기 바란다. 더 유익한 책을 만들기 위해 독자의 의견은 무엇보
다 중요하다.

일반적인 의견은 메시지 제목을 책 제목으로 작성해서 이메일(feedback@
packtpub.com)로 보내면 된다.

자신의 전문 지식을 바탕으로 책을 집필하거나 기여하는 데 관심이 있다면,

웹 사이트(www.packtpub.com/authors)에 있는 저자 가이드를 참조하기 바란다.

예제 코드 다운로드

팩트 출판사(http://www.packtpub.com)에서 구입한 모든 도서의 예제 코드 파일은 자신의 계정으로 다운로드할 수 있다. 만약 다른 곳에서 책을 구입한 경우, 웹 사이트(http://www.packtpub.com/support)를 방문해 등록하면 이 메일 계정으로 직접 파일을 다운로드할 수 있다. 에이콘출판사의 도서정보 페이지(http://www.acornpub.co.kr/book/html5-websocket)에서도 예제 코드를 다운로드할 수 있다.

오탈자 수정

내용을 정확하게 전달하기 위해 최선을 다했지만, 실수가 있을 수 있다. 팩트 출판사의 책에서 코드나 텍스트상의 문제를 발견해서 알려준다면, 매우 감사하게 생각할 것이다. 그러한 참여를 통해 다른 독자에게 도움을 주고, 다음 버전에서 책을 더 완성도 있게 만들 수 있다. 만약 오자를 발견한다면 다음 페이지(http://www.packtpub.com/submit-errata)에서 구입한 책을 선택하고, errata submission form 링크를 통해 구체적인 내용을 알려주기 바란다. 보내준 내용이 확인되면 웹 사이트에 그 내용이 올라가거나, 해당 서적의 정오표 섹션에 그 내용이 추가될 것이다. 웹 사이트(http://www.packpub.com/support)에서 해당 타이틀을 선택하면 지금까지의 정오표를 확인할 수 있다. 한국어판에 대한 오탈자 신고나 정오표는 에이콘출판 도서정보 페이지(http://www.acornpub.co.kr/book/html5-websocket)에서 확인하기 바란다.

저작권 침해

인터넷에서의 저작권 침해는 모든 매체에서 벌어지고 있는 심각한 문제다. 팩트 출판사는 저작권과 라이선스 문제를 아주 심각하게 인식하고 있다. 만약 어떤 형태로든 팩트 출판사 서적의 불법 복제물을 인터넷에서 발견한다면, 적절한 조치를 취할 수 있게 해당 주소나 사이트명을 즉시 알려주길 부탁한다. 의심되는 불법 복제물의 링크를 이메일(copyright@packtpub.com)로 보내주기 바란다. 저자와 더 좋은 책을 위한 팩트 출판사의 노력을 배려하는 마음에 깊은 감사의 뜻을 전한다.

문의

이 책과 관련된 질문이 있다면 이메일(questions@packtpub.com)을 통해 문의하기 바란다. 최선을 다해 질문에 답해 드리겠다. 한국어판에 관한 질문은 이 책의 옮긴이나 에이콘출판 편집 팀(editor@acornpub.co.kr)으로 문의해주길 바란다.

1

웹소켓: 소개!

실제 생활에서 악수^{핸드쉐이크1}는 두 사람이 부드럽게 손을 잡고 살짝 위아래로 흔들어주는 동작을 말한다. 누군가와 이런 방법으로 인사를 나누어봤다면, 이미 HTML5 웹소켓^{WebSocket} 프로토콜의 기본 개념을 이해하고 있는 것이다.

웹소켓은 웹 서버와 웹 클라이언트 간에 지속적인 양방향 통신 방법을 제공한다. 즉, 쌍방이 동시에 메시지 데이터를 교환할 수 있다는 의미다. 웹소켓은 진정한 동시성을 제공하고, 높은 성능에 최적화돼 있어서 반응적이고 풍부한 웹 응용프로그램을 만들 수 있게 해준다.

다음 그림은 서버와 여러 클라이언트 사이의 핸드쉐이크 과정을 보여준다.

---

1 컴퓨터 간 데이터 교환을 위해 연결을 설정하는 과정을 일컫는 용어로, 여기서는 사람들 사이에서 '악수'하는 과정과 유사한 개념으로 소개하고 있음 - 옮긴이

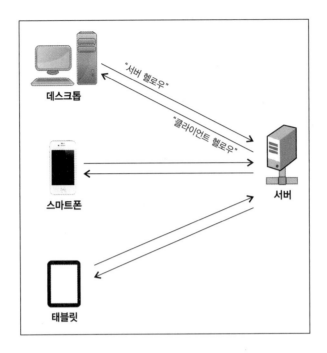

웹소켓 프로토콜은 IETF[Internet Engineering Task Force]에서 표준화됐고 브라우저의 웹소켓 API는 W3C[World Wide Web Consortium]에서 현재 표준화 작업이 진행되고 있다. 그렇다. 현재 진행 중이다. 그러나 현재 규격이 '제안된 표준[proposed standard]2'으로 발표된 단계이기 때문에 큰 변화를 걱정할 필요는 없다.

웹소켓 이전 세상

웹소켓 세상에 본격적으로 빠져들기 전에, 먼저 서버와 클라이언트 사이의 양방향 통신에 사용하고 있는 기존 기술들에 대해 알아보자.

---

2 현재 웹소켓 API는 HTML5 규격에 포함되어 Living Standard로 관리되고 있다. HTML5 Living Standard는 https://html.spec.whatwg.org/multipage/web-sockets.html에서, W3C에서 개발하던 WebSocket API의 최종 규격은 https://www.w3.org/TR/websockets/에서 확인할 수 있다. - 옮긴이

폴링

초기 웹 엔지니어들은 폴링^polling이라고 불리는 기술을 사용해 이 문제를 다뤘다. 폴링은 전송할 데이터의 유무에 관계없이 주기적으로 요청을 수행하는 동기적 방법(동시성이 없다)이다. 즉, 클라이언트는 지정된 시간 간격에 맞춰 서버에 지속적인 요청을 보낸다. 서버는 각 요청마다 가용 데이터나 데이터가 없는 경우 적절한 경고 메시지로 이에 응답한다.

폴링은 비록 잘 동작하기는 하지만, 대부분의 경우 과도한 연결이 필요하다. 또 현대 웹 응용프로그램에서 너무 많은 자원을 소비한다는 사실을 명심해둘 필요가 있다.

롱 폴링

롱 폴링^Long polling은 폴링과 유사한 방법이지만, 이름에서 알 수 있듯이 클라이언트의 요청에 대해 서버가 전송할 데이터가 있거나 타임아웃이 발생할 때까지 연결을 활성화된 상태로 유지한다. 그런 다음 클라이언트는 다음 단계를 시작하고, 순차적으로 요청을 보낸다. 롱 폴링은 폴링보다 성능적으로 향상된 방법이지만, 지속적인 요청으로 인해 여전히 프로세스가 늦어질 수 있다.

스트리밍

스트리밍^streaming은 실시간 데이터 전송에 최선의 방법처럼 보였다. 스트리밍을 사용할 때 클라이언트가 요청을 보내면 서버는 무기한 연결을 유지하고 준비가 되면 데이터를 보낸다. 이전 방법에 비해 크게 개선되기는 했지만, 스트리밍에는 파일 사이즈를 늘리고 불필요한 지연을 야기하는 HTTP 헤더가 포함돼 있다.

포스트백과 AJAX

웹은 HTTP 요청^{request}–응답^{response} 모델을 기반으로 구축됐다. HTTP는 무상태^{stateless} 프로토콜이어서 서버와 클라이언트 간의 통신은 각각의 독립적인 요청과 응답의 쌍으로 구성된다. 클라이언트가 서버에 정보를 요청하면 서버는 적절한 HTML 문서로 응답하고 페이지가 새로 고쳐진다(포스트백^{postback}이라고 불린다). 사용자가 무엇인가 새로운 행동(버튼을 클릭하거나 드롭다운 메뉴를 선택하는 등)을 할 때까지 둘 사이에는 아무런 일도 일어나지 않는다. 새로운 페이지 로딩은 화면이 깜박거리는 현상을 수반하는데 이는 사용자 경험 측면으로 볼 때 매우 성가신 일이다.

2005년에 AJAX^{Asynchronous JavaScript and XML}가 등장하면서 이 포스트백의 깜박거림 문제를 해결할 수 있게 됐다. AJAX는 자바스크립트의 XmlHttpRequest 오브젝트로 사용자 인터페이스의 나머지 부분을 방해하지 않고 자바스크립트 코드의 비동기 실행을 가능하게 해준다. 전체 페이지를 다시 로딩하는 대신 AJAX로 웹 페이지의 일부분만 전송할 수 있다.

페이스북에 새로운 댓글을 게시한다고 가정해보자. 적절한 텍스트 필드에 글을 입력하고 엔터 키를 누른다. 그러면 전체 페이지를 다시 로딩하지 않고 댓글이 자동으로 게시된다. AJAX를 사용하지 않았다면, 브라우저는 새로운 댓글을 표시하기 위해 전체 페이지를 새로 읽어 들여야 한다.

AJAX는 제이쿼리^{jQuery} 같은 인기 있는 자바스크립트 라이브러리와 함께 사용돼, 최종 사용자 경험을 개선함으로써 모든 웹 사이트에서 반드시 필요한 아이템으로 간주됐다. 자바스크립트가 필요악이 아닌 존경 받는 프로그래밍 언어가 된 것은 AJAX가 등장하고 나서였다.

하지만 이것으로 충분하지 않다. 롱 폴링은 브라우저가 연결을 계속 유지하고 있을 때 유용한 기술이다. 하지만 실제로는 클라이언트는 서버로 계속 요청을 보낸다. 이것은 극도로 자원 집약적이어서, 특히 속도와 데이터 크기에 민감한 모바일 디바이스에서는 아주 큰 문제가 될 수 있다.

앞에서 설명한 모든 방법은 실시간 양방향 통신을 제공한다. 하지만 웹소켓에 비하면 세 가지 명백한 단점을 가지고 있다.

- HTTP 헤더를 전송해, 전체 파일 크기가 커진다.
- 클라이언트/서버 모두 한 쪽이 완료될 때까지 기다려야 하는 반이중^{half}^{duplex} 통신 방식이다.
- 웹 서버가 많은 자원을 소모한다.

포스트백 세계는 워키토키$^{walkie-talkie}$와 비슷해서 한쪽이 대화를 종료할 때까지 기다려야 한다(반이중). 반면에 웹소켓 세계는 모든 참가자가 동시에 말할 수 있다(전이중$^{full-duplex}$).

웹은 최초 텍스트 문서를 표시하기 위해 개발됐지만, 오늘날에는 다양한 방식으로 사용되고 있다. 멀티미디어 콘텐츠를 표시하고, 위치 기능이 추가됐으며, 여러 가지 복잡한 작업을 수행한다. 따라서 오늘날 웹을 통해 전송되는 데이터는 텍스트만이 아니다. AJAX와 플래시 같은 브라우저 플러그인 모두 훌륭하지만, 이 일을 하기 위한 좀 더 고유한 방법이 필요하다. 오늘날 우리가 웹을 사용하는 방식을 위해 새로운 응용프로그램 개발 프레임워크가 필요해졌다.

HTML5의 등장

HTML5는 앞에서 논의한 문제들에 대한 중요한 솔루션을 제공해준다. HTML5에 대해 이미 잘 알고 있다면, 이 부분을 건너뛰고 다음 부분으로 이

동해도 좋다.

HTML5는 웹 응용프로그램의 설계 및 개발을 위한 강력한 프레임워크다.

HTML5는 단순히 새로운 마크업이나 스타일 선택자[selector]의 정의만이 아닌, 새로운 프로그래밍 언어다. HTML5는 프로그래밍 언어와 도구, 기술의 집합체를 의미한다. 별도의 역할을 수행하는 이들을 한데 묶어 모든 종류의 기기에서 동작하는 풍부한 웹 응용프로그램을 개발할 수 있다.

HTML5의 중요 구성 요소는 마크업과 CSS3, 자바스크립트 API이다.

다음 그림은 HTML5의 구성 요소를 보여준다.

다음은 HTML5 패밀리의 주요 구성 요소를 보여준다. 이 책은 전체 HTML5를 다루고 있지 않으므로 웹 사이트(html5rocks.com)를 방문해 실습 예제와 데모를 참조하기를 추천한다.

마크업	구조 요소 폼(Form) 요소 속성
그래픽	스타일시트(Style Sheets) 캔버스(Canvas) SVG WebGL
멀티미디어	Audio Video

(이어짐)

스토리지	Cache Local Storage Web SQL
연결	WebMessaging WebSocket WebWorkers
위치	Geolocation

일반적으로 스토리지와 연결 기능은 HTML5 패밀리 중 가장 고급 기능으로 여겨지지만, 숙련된 웹 개발자가 아니라도 크게 고민할 필요는 없다. 이 책에서 단계별 예제를 통해 일반적인 작업을 수행하는 과정을 설명한다. 이 예제는 나중에 다운로드해서 직접 테스트해볼 수 있다. 또한 HTML5 API를 이용한 웹소켓 관리는 상당히 간단하므로, 지금부터 심호흡 한 번하고 본격적으로 웹소켓에 대해 알아보자.

웹소켓 프로토콜

웹소켓 프로토콜은 전이중 통신을 처음부터 다시 재정의한다. 사실 웹소켓은 웹워커^{WebWorkers}와 함께, 데스크톱의 응용프로그램이 제공해주는 기능을 웹 브라우저에서도 가능하게 해주는 실로 엄청난 기능이다. 동시성과 멀티 스레딩^{multi-threading}은 포스트백 세계에서는 존재하지 않았다. 단지 일부 기능만이 모방돼 제공됐을 뿐이다.

URL

HTTP 프로토콜은 http나 https 같은 자신의 스키마^{schema}가 필요하다. 이는 웹소켓 프로토콜도 동일하다. 다음은 웹소켓 URL의 전형적인 예를 보여준다.

```
ws://example.com:8000/chat.php
```

가장 먼저 눈에 띄는 것은 WS 접두사다. 새로운 프로토콜에 새 URL 스키마가 필요한 것은 당연하다. WSS는 보안 연결을 위한 스키마로 https와 유사하다. URL의 나머지는 예전부터 사용돼 온 HTTP URL과 유사하다. 자세한 설명은 다음 그림에 나와 있다.

다음 이미지는 웹소켓 URL의 구성 요소를 보여준다.

브라우저 지원

웹소켓 프로토콜의 최신 사양은 RFC 6455이며, 모든 최신 웹 브라우저가 이를 지원한다. 좀 더 구체적으로, RFC 6455는 다음의 브라우저에서 지원된다.

- 인터넷 익스플로러 10 이상
- 모질라 파이어폭스 11 이상
- 구글 크롬 16 이상
- 사파리 6 이상
- 오페라 12 이상

사파리(iOS)와 파이어폭스(안드로이드), 크롬(안드로이드, iOS), 오페라 브라우저의 모바일 버전은 모두 웹소켓을 지원한다. 이는 모든 스마트폰과 태블릿에서 웹소켓 사용이 가능하게 해주었다.

하지만 전 세계적으로 아직도 많은 사람들이 사용하는 구형 브라우저는 어떻게 하는가? 이 책에서 가능한 한 많은 사람들이 웹 사이트에 접근 가능하게 해주는 폴백fallback 기술도 알아볼 것이므로 걱정할 필요 없다.

누가 웹소켓을 사용하는가

웹소켓이 비교적 새롭게 등장한 기술임에도 불구하고, 이미 꽤 많은 유망 기업들이 사용자에게 풍부한 경험을 제공하기 위해 웹소켓의 다양한 기능을 활용하고 있다. 가장 잘 알려진 것은 카징Kaazing(http://demo.kaazing.com/livefeed/)[3]인데 이들은 자신들의 실시간 통신 플랫폼으로 1,700만 달러의 투자를 유치하기도 했다.

그 밖의 기업은 다음과 같다.

이름	웹 사이트	설명
Gamooga	http://www.gamooga.com/	실시간 응용프로그램과 게임을 위한 백엔드
GitLive	http://gitlive.com/	깃허브(GitHub)의 알림 프로젝트
Superfeedr	http://gitlive.com/	실시간 데이터 푸싱
Pusher	http://pusher.com/	웹과 모바일 앱을 위한 확장 가능한 실시간 API
Smarkets	https://smarkets.com/	실시간 베팅
IRC Cloud	https://www.irccloud.com/	채팅

---

3 2020년 9월 확인 결과, 현재 유효하지 않은 링크다. 대체 링크는 다음과 같다. https://kaazing.com/download/ – 옮긴이

그 외에 다양한 웹소켓 데모를 포함하고 있는 다음 두 개의 웹 사이트를 참조한다.

- http://www.websocket.org/demos.html
- http://www.html5rocks.com/en/features/connectivity

모바일?

웹소켓은 이름에서 알 수 있듯이, 웹과 관련돼 있다. 알다시피, 웹은 단순히 브라우저를 위한 기술의 집합체를 넘어, 데스크톱 컴퓨터와 스마트폰, 태블릿을 포함하는 다양한 기기를 위한 광범위한 통신 플랫폼을 의미한다.

물론 웹소켓을 활용하는 HTML5 응용프로그램은 거의 모든 HTML5 지원 모바일 웹 브라우저에서 잘 동작할 것이다. 하지만 동일한 기능을 네이티브 모바일 응용프로그램으로 구현한다고 생각해보자. 주요 모바일 운영체제에서 웹소켓을 지원할까? 이에 대한 짧은 대답은 '예'이다. 현재 모바일 산업의 주요 업체(애플, 구글, 마이크로소프트)는 네이티브 응용프로그램에서 사용할 수 있는 웹소켓 API를 제공하고 있다. iOS와 안드로이드, 윈도우 스마트폰과 태블릿은 유사한 방법으로 웹소켓을 HTML5에 통합했다.

미래는 이미 시작됐다

새로운 신경과학 연구는 악수의 힘에 대한 다음과 같은 격언을 다시 한번 확인시켜준다. "사람들은 인사할 때 손을 내밀어 악수를 청하는 사람에게 더 좋은 인상을 받는다(http://www.sciencedaily.com/releases/2012/10/12101914 1300.htm)". 사람들 사이에서 악수가 더 나은 거래로 이어지는 것처럼, 웹소켓의 핸드쉐이크도 더 나은 사용자 경험으로 이어질 수 있다. 우리는 사용자 경험이 성능(짧은 대기 시간)과 단순성(빠른 개발)의 조합인 것임을 알게 됐다.

결국 이 모든 것이 여러분에게 달려 있다. 현대적이고 진정한 실시간 웹 응용프로그램의 개발을 원하는가? 최대의 경험을 사용자에게 제공하고 싶은가? 기존 웹 응용프로그램에 엄청난 성능 향상을 제공하고 싶은가? 이 질문들에 대한 대답이 '예'라면, 웹소켓 API는 지금 당장 이런 매력을 제공해줄 수 있는 충분히 성숙된 기술임을 깨달을 필요가 있다.

무엇을 만들 것인가

이 책을 통해, 간단한 웹소켓 기반의 실제 멀티 유저 채팅 응용프로그램을 구현해볼 것이다. 라이브 채팅은 현대 소셜 네트워크에서 아주 일반적인 기능이다. 어떻게 웹 서버를 구성하고, HTML5 클라이언트를 구현하며, 이들 사이에 메시지를 전송할 수 있는지 단계별로 배울 것이다.

일반 텍스트 메시지 외에도, 웹소켓이 바이너리 파일이나 이미지, 비디오 같은 다양한 형태의 데이터를 어떻게 다루는지도 살펴볼 것이다. 그렇다. 우리는 실시간 미디어 스트리밍도 실연해볼 것이다.

또한 응용프로그램 보안을 강화하기 위해 몇 가지 잘 알려진 보안 위험 요소를 확인하고, 일반적으로 발생할 수 있는 문제를 방지하는 방법을 알아볼 것이다. 아울러 아직 브라우저를 업데이트하지 못하는(또는 원하지 않는) 사람들을 위한 폴백 기술에 대해서도 간단하게 살펴보겠다.

마지막으로 모바일 기기 역시 중요하다. 여러분은 데스크톱 브라우저뿐만 아니라 모바일 기기나 태블릿으로도 채팅할 것이다. 여러 기기들 사이에서 동일한 기술과 원리를 사용할 수 있다면 좋지 않을까? 이 책을 읽고 나면, 웹 응용 프로그램을 모바일이나 태블릿의 네이티브 응용프로그램으로 변환하는 것이 얼마나 쉬운지 알게 될 것이다.

요약

1장에서는 웹소켓 프로토콜의 소개와 함께, 실시간 통신을 위한 기존 기술과 웹소켓이 충족시켜줄 수 있는 요구 사항에 대해 알아보았다. 또한 HTML5와의 관계와 이런 확장으로 인해 사용자가 얻을 수 있는 혜택을 알아보았다. 2장에서는 웹소켓 클라이언트 API에 대해 좀 더 자세히 살펴 보겠다.

2

웹소켓 API

HTML과 자바스크립트에 익숙하다면, HTML5 웹소켓 개발을 시작할 준비가 충분히 돼 있다. 웹소켓 통신과 데이터 전송은 양방향이다. 따라서 서버와 클라이언트가 필요하다. 2장에서는 먼저 HTML5 웹 클라이언트에 초점을 맞추고 웹소켓 클라이언트 API를 소개한다.

HTML5의 기초

모든 HTML5 웹 클라이언트는 구조와 스타일링, 프로그래밍 로직의 조합으로 돼 있다. 앞에서 언급한 바와 같이, HTML5 프레임워크는 각각을 위한 개별적인 기술을 제공한다. 이미 이들 개념에 대해 어느 정도 익숙한 것으로 가정하고 있지만, 먼저 각각에 대해 간단하게 살펴보자.

마크업

마크업^{markup}은 웹 응용프로그램의 구조를 정의한다. 이것은 HTML 문서 내의 시각적 요소의 계층구조를 지정할 수 있는 XML 태그의 집합이다. 인기 있는 새로운 HTML5 태그에는 header와 article, footer, aside, nav가 포함돼 있다. 각 요소는 특별한 의미를 가지고 있으며, 웹 문서에서 다른 부분과 구별될 수 있게 해준다.

다음은 우리가 작성할 채팅 앱의 핵심 요소인 텍스트 필드와 두 개의 버튼, 라벨을 생성하는 HTML5 마크업 코드의 예제다. 텍스트 필드는 메시지를 입력하는 데 사용되고, 첫 번째 버튼은 메시지를 전송하는 데, 두 번째 버튼은 채팅을 종료하는 데, 그리고 라벨은 서버에서 받은 대화 내용을 표시하는 데 사용된다.

```
<!DOCTYPE html>
<head>
  <title>HTML5 WebSockets</title>
</head>
<body>
  <h1> HTML5 WebSocket chat. </h1>
  <input type="text" id="text-view" />
  <input type="button" id="send-button" value="Send!" />
  <input type="button" id="stop-button" value="Stop" />
  <br/>
  <label id="status-label">Status</label>
</body>
```

앞 코드의 첫 번째 라인 DOCTYPE는 HTML의 최신 버전인 HTML5를 사용하고 있음을 나타낸다.

HTML5 마크업에 대한 자세한 내용은 웹 사이트(http://html5doctor.com/)를 참조한다. 다음 웹 페이지(http://html5doctor.com/element-index/)에서는 지원되는 모든 HTML5 태그에 대한 완전한 설명을 제공하고 있다.

스타일링

색상이나 배경색, 폰트, 정렬 등을 표시하기 위해서는 캐스케이딩 스타일시트 _{CSS, Cascading Style Sheets}에 익숙해야 한다. CSS는 문법 자체로 해당 의미의 설명이 가능하다. 따라서 헤더 스타일(예를 들어 색상이나 정렬, 폰트 등의 헤더 스타일)을 변경하고자 할 때는 다음과 같은 코드를 작성하면 된다.

```
h1 {
  color: blue;
  text-align: center;
  font-family: "Helvetica Neue", Arial, Sans-Serif;
  font-size: 1em;
}
```

이 사이트(http://www.css3.info/)는 CSS3에 대한 훌륭한 자료와 많은 읽을 거리를 제공해주고 있다.

로직

마크업은 구조를 정의하고 CSS 규칙은 스타일을 적용한다. 그렇다면 사용자 입력이나 이벤트의 처리는 어떻게 할까? 여기에 바로 자바스크립트가 필요하다. 자바스크립트는 웹 응용프로그램의 동작을 제어하고 변경할 수 있는 스크립트 프로그래밍 언어다. 자바스크립트를 사용해 버튼 클릭이나 페이지 로딩, 추가 스타일 적용, 특수 효과 추가, 또는 웹 서비스에서 데이터를 가져오는 등의 처리를 할 수 있다. 또한 자바스크립트를 사용해 오브젝트를 생성하거나, 이들 오브젝트에 속성이나 메소드를 할당하고, 이벤트가 발생했을 때 이를 처리하는 작업도 할 수 있다.

다음은 간단한 자바스크립트 예제를 보여준다.

```
var buttonSend = document.getElementById("send-button");

buttonSend.onclick = function() {
  console.log("Button clicked!");
}
```

첫 번째 라인은 문서 트리 구조를 검색해 action-button 이름의 요소를 찾고 buttonSend라는 오브젝트에 저장한다. 그런 다음 버튼의 onclick 이벤트에 함수를 할당한다. 버튼이 클릭될 때마다 매번 이 함수가 실행된다.

새로운 HTML5 기능들은 자바스크립트에 기반하고 있다. 따라서 웹 응용프로그램을 구현하기 전에 자바스크립트에 대한 기본적인 이해가 필수적이다. 무엇보다 가장 중요한 것은 웹소켓 API 역시 순수 자바스크립트라는 점이다.

채팅 응용프로그램

가장 인기 있는 전이중 통신의 예는 채팅이다. 지금부터 간단한 채팅 응용프로그램의 개발을 시작해보겠다. 가장 먼저 세 개의 기본 파일로 구성된 클라이언트를 작성한다.

- 웹 페이지의 마크업 구조를 포함하는 HTML(.html) 파일
- 모든 스타일링 정보가 포함된 CSS(.css) 파일
- 응용프로그램의 로직을 포함하는 자바스크립트(.js) 파일

이것이 모든 기능을 갖춘 HTML5 채팅 클라이언트 구현에 필요한 전부다. 어떤 브라우저 플러그인이나 다른 외부 라이브러리도 필요하지 않다.

API 개요

API는 응용프로그램 프로그래밍 인터페이스^{Application Programming Interface}의 약자로, 하위 계층의 기능과 상호작용할 수 있게 해주는 오브젝트와 메소드, 루틴의 집합체다. 웹소켓 API에는 웹소켓 기본 오브젝트와 이벤트, 메소드, 속성이 포함돼 있다.

웹소켓 API를 통해 로컬이나 원격 서버에 연결하고, 메시지를 수신하거나 데이터를 전송하고 서버와의 연결을 종료하는 등의 작업을 수행할 수 있다.

웹소켓 API의 일반적인 사용법은 다음과 같다.

다음 그림은 일반적인 웹소켓의 작업 흐름을 보여준다.

```
웹소켓 지원 브라우저 확인 –>
웹소켓 자바스크립트 객체의 인스턴스 생성 –>
웹소켓 서버 연결 –>
웹소켓 이벤트 등록 –>
사용자의 동작에 따른 적절한 데이터 송신 수행 –>
연결 종료
```

지원 브라우저

웹소켓 프로토콜은 새로운 HTML5의 기능으로, 아직 모든 브라우저가 이 기능을 지원하지는 않는다.[1] 혹시 지원하지 않는 브라우저에서 웹소켓 코드를

---

1 현재는 거의 모든 브라우저에서 웹소켓을 지원하고 있다. 그러나 브라우저 호환성 확인 과정은 여전히 필요하기 때문에 이번 섹션은 유효하다. – 옮긴이

실행시켜 보았다면, 아무 일도 일어나지 않는 것을 확인했을 것이다. 사용자에게는 아무런 응답도 보여주지 않는 사이트를 방문하는 것은 유쾌하지 않은 일이다. 더욱이 여러분은 잠재 고객을 놓치고 싶지 않을 것이다.

따라서 웹소켓 코드를 실행하기 전에 반드시 브라우저의 호환성을 확인해봐야 한다. 브라우저가 코드를 실행할 수 없다면 에러 메시지를 표시하거나, AJAX나 플래시flash 기반의 폴백을 제공해줘야 한다. 폴백에 대해서는 6장에서 자세히 설명한다. 또한 사용자에게 브라우저를 업데이트할 것을 친절하게 안내해주길 추천한다.

자바스크립트를 사용하면 브라우저가 웹소켓 코드를 실행할 수 있는지 여부를 쉽게 확인할 수 있다.

```
if (window.WebSocket) {
  console.log("WebSockets supported.");

  // 웹소켓 특화 기능을 계속 수행
}
else {
  console.log("WebSockets not supported.");
  alert("Consider updating your browser for a richer experience.");
}
```

window.WebSocket 구문은 웹소켓 프로토콜이 브라우저에 구현돼 있는지 여부를 나타낸다. 다음 구문도 동일하다.

```
window.WebSocket
```

```
"WebSocket" in window
```

```
window["WebSocket"]
```

40

각각은 동일한 유효성 검사 결과를 보여준다. 또한 브라우저의 개발자 도구를 사용해 브라우저에서 지원하는 모든 기능을 확인할 수 있다.

웹소켓 프로토콜을 지원하는 브라우저에 대해 알고 싶다면, 사이트(http://caniuse.com/#feat=websockets)를 방문하면 최신 지원 현황에 대해 알 수 있다.

현재 웹소켓은 인터넷 익스플로러 10 이상과 파이어폭스 20 이상, 크롬 26 이상, 사파리 6 이상, 오페라 12.1 이상, iOS용 사파리 6 이상, 블랙베리 브라우저 7 이상에서 완벽하게 지원되고 있다.

WebSocket 오브젝트

이제 본격적으로 서버로 연결을 시작해보자. 이 단계에서 필요한 것은 원격이나 로컬 서버의 URL을 제공해주는 WebSocket 자바스크립트 오브젝트를 생성하는 일이다.

```
var socket = new WebSocket("ws://echo.websocket.org");
```

이 오브젝트가 생성되면 지정된 서버로 바로 연결한다. 3장에서는 서버 측 프로그램 개발 방법에 대해 자세히 설명한다. 지금은 유효한 웹소켓 URL이 필요하다는 사실만 명심하기 바란다.

예제의 URL(ws://echo.websocket.org)은 테스트와 실험에 사용할 수 있는 공용 서버 주소다. 이 서버(Websocket.org)는 항상 동작하고 있으며, 메시지를 수신하면 클라이언트에 이 메시지를 그대로 돌려보낸다. 이 동작은 클라이언트 측의 응용프로그램이 제대로 동작하는지 확인하는 데 충분하다.

이벤트

WebSocket 오브젝트를 생성한 후에는 이벤트를 처리해야 한다. 웹소켓 API 에는 Open과 Message, Close, Error 등 네 개의 주요 이벤트가 있다. 이들 이벤트는 각각 OnOpen, OnMessage, OnClose, onerror 함수를 구현하거나, addEventListener 메소드를 사용해 처리할 수 있다. 두 가지 방법 모두, 해야 할 일은 거의 동일하지만 첫 번째 방법이 훨씬 더 명확하다.

이벤트 함수들은 연속적으로 실행되지 않는다는 사실을 기억해두자. 함수들 은 특정 동작이 발생할 때 비동기적으로 실행된다.

그럼 각각에 대해 자세히 살펴보자.

OnOpen

OnOpen 이벤트는 연결이 성공적으로 이루어진 후 발생한다. 이는 클라이언트 와 서버 사이의 초기 핸드쉐이크가 성공적으로 이루어졌으며, 응용프로그램 이 이제 데이터를 전송할 준비가 돼 있음을 의미한다.

```
socket.OnOpen = function(event) {
  console.log("Connection established.");

  // 모든 자원을 초기화하고 사용자에게 메시지를 보여주는 코드를 여기에 작성한다.
  var label = document.getElementById("status-label");
  label.innerHTML = "Connection established!";
}
```

사용자가 연결을 기다리는 동안, 적절한 피드백을 제공하는 것이 좋다. 웹소 켓 자체는 빠르지만, 인터넷 연결 속도가 느려져서 연결이 늦어질 수 있다.

OnMessage

OnMessage 이벤트는 서버의 전송을 기다리는 클라이언트의 귀 같은 역할을 담당한다. 서버가 데이터를 보낼 때마다 OnMessage 이벤트가 발생한다. 메시지에는 일반 텍스트뿐만 아니라 이미지나 바이너리 데이터를 포함할 수 있다. 데이터를 어떻게 해석하고 시각화할지는 여러분에게 달려 있다.

```
socket.OnMessage = function (event) {
  console.log("Data received!");
}
```

데이터 유형의 판단은 아주 쉽다. 다음은 문자열 데이터를 표시하는 방법을 보여준다.

```
socket.OnMessage = function (event) {
  if (typeof event.data === "string") {
    // 서버가 텍스트 데이터를 전송한 경우, 이를 표시
    var label = document.getElementById("status-label");
    label.innerHTML = event.data;
  }
}
```

지원되는 데이터 형식에 대해서는 4장에서 자세히 배운다.

OnClose

OnClose 이벤트는 대화의 종료를 나타낸다. 이 이벤트가 발생하면, 연결을 다시 시작하지 않는 한 어떠한 메시지도 서버와 클라이언트 사이에 전송할 수 없다. 여러 가지 이유로 인해 연결이 종료될 수 있다. 서버에 의해 종료될 수도 있고, 클라이언트의 close() 메소드에 의해 종료될 수도 있다. 또는 TCP 에러에 의해 발생할 수도 있다.

이벤트의 code와 reason, wasClean 파라미터를 확인하면 연결이 종료된 이유를 쉽게 판별할 수 있다.

code 파라미터는 연결 종료의 이유를 나타내는 고유 코드 번호를 제공해준다.

reason 파라미터는 연결 종료의 설명을 문자열 형식으로 제공한다.

마지막으로, wasClean 파라미터는 서버의 결정에 의해 연결이 종료됐는지, 아니면 예기치 못한 네트워크 동작에 의한 것인지 여부를 나타낸다. 다음 예제 코드는 이들 파라미터의 적절한 사용 방법을 보여준다.

```
socket.OnClose = function(event) {
  console.log("Connection closed.");

  var code = event.code;
  var reason = event.reason;
  var wasClean = event.wasClean;

  var label = document.getElementById("status-label");

  if (wasClean) {
    label.innerHTML = "Connection closed normally.";
  }
  else {
    label.innerHTML = "Connection closed with message " + reason +
      "(Code: " + code + ")";
  }
}
```

자세한 코드값에 대해서는 이 책의 부록을 참조한다.

onerror

onerror 이벤트는 무엇인가 문제(일반적으로 예기치 못한 동작이나 오류)가 생겼을 때 발생한다. onerror 이벤트 다음에는 항상 연결 종료(close 이벤트)가 뒤따른다는 사실을 염두에 두자.

무엇인가 문제가 발생했을 때는 사용자에게 예상치 못한 오류에 대해 알리고 재연결을 시도하는 것이 좋다.

```
socket.OnClose = function(event) {
  console.log("Error occurred.");


  // 사용자에게 오류 통지
  var label = document.getElementById("status-label");
  label.innerHTML = "Error: " + event;
}
```

메소드

이벤트는 어떤 일이 일어났을 때 발생한다. 어떤 일을 발생시킬 때 메소드(또는 동작)를 호출하면 된다. 웹소켓 프로토콜은 Send() 와 close() 라는 두 가지 주요 메소드를 지원한다.

send( )

연결이 열려 있는 동안 서버와 메시지를 교환할 수 있다. Send() 메소드를 사용하면 웹 서버에 다양한 데이터를 전송할 수 있다. 다음은 대화방에 있는 모든 사람들에게 채팅 메시지(실제로는 HTML 텍스트 필드 내용)를 전송하는 방법을 보여준다.

```
// text view와 버튼을 검색
var textView = document.getElementById("text-view");
var buttonSend = document.getElementById("send-button");

// 버튼 클릭 이벤트 처리
buttonSend.onclick = function() {
  // 데이터 전송
  socket.send(textView.value);
}
```

정말 간단하다!

하지만 잠시만 기다려라. 앞의 코드가 100퍼센트 정확하지는 않다. 연결이 열려 있는 경우에만 메시지를 보낼 수 있다는 사실을 명심하라. 이것은 Send() 메소드를 OnOpen 이벤트 핸들러 내부에 배치하거나, readyState 속성을 확인해야 한다는 것을 의미한다. 이 속성은 웹소켓 연결 상태를 반환한다. 따라서 앞의 코드는 이에 따라 다음과 같이 수정돼야 한다.

```
button.onclick = function() {
  // 연결이 열려 있으면 데이터 전송
  if (socket.readyState === WebSocket.OPEN) {
    socket.send(textView.value);
  }
}
```

원하는 데이터를 전송한 후에는 서버로부터의 상호작용을 기다리거나 연결을 종료할 수 있다. 예제 코드에서는, stop 버튼이 눌리지 않는 한 연결을 유지하고 있다.

close( )

close() 메소드는 종료의 핸드쉐이크를 의미한다. close()는 연결을 중단시키고, 연결이 다시 열리지 않는 한 데이터는 교환되지 않는다.

앞의 예제와 유사하게 사용자가 두 번째 버튼을 클릭할 때 close() 메소드를 호출하게 한다.

```
var textView = document.getElementById("text-view");
var buttonStop = document.getElementById("stop-button");

buttonStop.onclick = function() {
  // 연결이 열려 있는 경우 종료시킨다
  if (socket.readyState === WebSocket.OPEN) {
    socket.close();
  }
}
```

또한 앞에서 언급한 code와 reason 파라미터의 전달도 가능하다.

```
socket.close(1000, "Deliberate disconnection");
```

속성

WebSocket 오브젝트는 특정 특성을 이해할 수 있는 몇 가지 속성값을 노출한다. readyState 속성은 이미 앞에서 다뤘고, 그 외 나머지 속성들은 다음과 같다.

속성	설명
url	WebSocket의 URL 반환
protocol	서버에 의해 사용되는 프로토콜 반환
readyState	연결 상태를 보고하고, 다음의 설명값 중 하나를 가질 수 있음 WebSocket.OPEN WebSocket.CLOSED WebSocket.CONNECTING WebSocket.CLOSING
bufferedAmount	Send() 메소드가 호출될 때 대기 중인 총 바이트 수를 반환
binaryType	OnMessage 이벤트가 발생했을 때 받은 이진 데이터 형식을 반환

전체 예제

다음은 우리가 사용하는 전체 HTML과 자바스크립트 파일을 보여준다. 핵심 요점을 설명하기 위해서 스타일시트 파일은 생략했지만, 웹 사이트(http://pterneas.com/books/websockets/source-code)에서 전체 소스 코드를 다운로드할 수 있다.

index.html

우리가 작성한 웹 응용프로그램의 전체 마크업 코드는 다음과 같다.

```html
<!DOCTYPE html>
<html>
<head>
  <title>HTML5 WebSockets</title>
  <link rel="stylesheet" href="style.css" />
  <script src="chat.js"></script>
</head>
```

```
<body>
  <h1> HTML5 WebSocket chat. </h1>
  <input type="text" id="text-view" />
  <input type="button" id="send-button" value="Send!" />
  <input type="button" id="stop-button" value="Stop" />
  </br>
  <label id="status-label">Status</label>
</body>
</html>
```

chat.js

채팅 기능을 위한 전체 자바스크립트 코드는 다음과 같다.

```
window.onload = function() {
  var textView = document.getElementById("text-view");
  var buttonSend = document.getElementById("send-button");
  var buttonStop = document.getElementById("stop-button");
  var label = document.getElementById("status-label");


  var socket = new WebSocket("ws://echo.websocket.org");


  socket.OnOpen = function(event) {
    label.innerHTML = "Connection open";
  }


  socket.OnMessage = function(event) {
    if (typeof event.data === "string") {
      label.innerHTML = label.innerHTML + "<br />" + event.data;
    }
  }
```

```
socket.OnClose = function(event) {
  var code = event.code;
  var reason = event.reason;
  var wasClean = event.wasClean;

  if (wasClean) {
    label.innerHTML = "Connection closed normally.";
  }
  else {
    label.innerHTML = "Connection closed with message: " +
      reason + " (Code: " + code + ")";
  }
}


socket.onerror = function(event) {
  label.innerHTML = "Error: " + event;
}


buttonSend.onclick = function() {
  if (socket.readyState == WebSocket.OPEN) {
    socket.send(textView.value);
  }
}


buttonStop.onclick = function() {
  if (socket.readyState == WebSocket.OPEN) {
    socket.close();
  }
}
}
```

서버

이 데모에서는 다음 서버(echo.websocket.org)를 사용했다. 이 공용 서비스는 단순히 전송한 데이터를 다시 반환한다. 다음 장에서는 우리의 웹소켓 서버를 구축해 진정한 채팅 응용프로그램을 개발해보겠다.

요약

2장에서는 첫 번째 웹소켓 클라이언트 응용프로그램을 개발해보았다. WebSocket 오브젝트와 이 오브젝트의 다양한 메소드, 이벤트, 속성을 소개했다. 또한 몇 줄의 HTML과 자바스크립트 코드로 기본 채팅 클라이언트를 개발했다. 현재 예제는 단순히 메시지를 다시 반환해주는 더미 서버를 사용한다. 자신의 웹소켓 서버를 구성해 더 많은 일들을 할 수 있게 다양한 방법을 연구해보기 바란다.

 예제 코드 다운로드

팩트 출판사(http://www.packtpub.com)에서 구입한 모든 팩트 도서의 예제 코드 파일은 자신의 계정으로 다운로드할 수 있다. 만약 다른 곳에서 책을 구입한 경우, 사이트(http://www.packtpub.com/support)를 방문해 등록하면 이 메일 계정으로 직접 파일을 다운로드할 수 있다.

3

서버 구성

웹소켓은 양방향, 전이중 통신이다. 따라서 통신을 위해 두 개의 구성 요소가 필요하다. 2장에서는 웹소켓 클라이언트 응용프로그램을 구현해보았다. 이제 채널의 다른 한쪽인 웹소켓 서버를 구축해보자.

소켓 서버가 필요한 이유

여러분이 서버에 친숙하지 않다고 가정하고 설명을 시작한다. 서버는 동시에 여러 연결을 관리하고 높은 가용성 및 동시간성, 강화된 보안을 만족시키는 특정한 하드웨어와 소프트웨어로 구성된 원격 컴퓨터다.

웹소켓 서버는 웹소켓 이벤트와 동작을 처리할 수 있는 간단한 프로그램이다. 일반적으로 웹소켓 클라이언트 API와 유사한 메소드를 제공하고 있으며 대부분의 프로그래밍 언어들이 이에 대한 구현을 제공하고 있다. 다음 그림은 트리거 이벤트와 동작에 중점을 둔 웹소켓 서버와 웹소켓 클라이언트 사이의 통신 과정을 보여준다.

다음 그림은 웹소켓 서버와 클라이언트 사이의 트리거 이벤트를 보여준다.

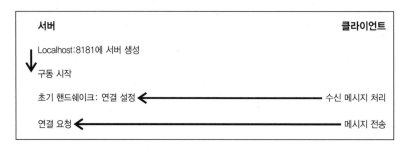

웹 서버는 아파치^{Apache}나 IIS$^{Internet\ Information\ Services}$ 어디에서도 동작할 수 있다. 또는 완전히 다른 독자적인 응용프로그램으로 동작할 수도 있다.

하드웨어를 고려했을 때도, 슈퍼컴퓨터부터 개인용 개발 컴퓨터에 이르기까지 어떤 컴퓨터도 서버로 사용할 수 있다. 어떤 장비를 사용할 것인지는 전적으로 프로젝트의 요구 사항과 예산에 달려 있다.

서버 설정

웹소켓 서버 구축은 그다지 어려운 작업은 아니지만, 약간의 특정 지식이 필요하다. 더욱이 이는 이 책의 목적과 동떨어져 있다. 따라서 여기서는 이미 구현돼 있는 기존 웹소켓 서버 중 하나를 사용하기로 한다. 개발자 커뮤니티 덕분에 쉽게 우리가 선호하는 프로그래밍 언어나 프레임워크의 웹소켓 서버를 선택할 수 있다. 더군다나 대부분 오픈 소스여서 필요한 경우 자신의 입맛에 맞게 수정해 사용할 수 있다.

적합한 기술 선택

몇몇 인기 있는 웹소켓 서버들의 목록을 나열했다. 이 중에서 하나를 선택하기 전에 먼저 다음과 같은 질문을 스스로에게 해보기 바란다.

- 가장 익숙한 기술은 무엇인가?

- 프로젝트의 특정 요구 사항은 무엇인가?

- 향상시키고 싶은 솔루션이 있는가?

- 서버의 문서화가 잘 돼 있고 이해하기 쉬운가?

- 서버에 대한 커뮤니티의 적극적인 지원이 있는가?

이제 폭넓게 사용되고 있는 프로그래밍 언어별로 가장 인기 있는 웹소켓 서버 라이브러리를 살펴보자.

C/C++

Tufao	https://github.com/vinipsmaker/tufao
Wslay	http://wslay.sourceforge.net/
Libwebsockets	http://libwebsockets.org/trac
Mongoose	https://code.google.com/p/mongoose/

자바

Apache Tomcat	http://tomcat.apache.org/
JBoss	http://www.jboss.org/
GlassFish	http://glassfish.java.net/

Atmosphere	https://github.com/Atmosphere/atmosphere
Play Framework	http://www.playframework.com/
Jetty	http://www.eclipse.org/jetty/
jWebSocket	http://jwebsocket.org/
Migratory data	http://migratorydata.com/
Bristleback	http://bristleback.pl/[1]

.NET

Internet Information Services 8	http://www.iis.net/
Fleck	https://github.com/statianzo/Fleck
SuperWebSocket	http://superwebsocket.codeplex.com/

PHP

Php-websocket	https://github.com/nicokaiser/php-websocket
Rachet	http://socketo.me/
Hoar	https://github.com/hoaproject/Websocket

파이썬(Python)

Tornado	http://www.tornadoweb.org/en/stable/

(이어짐)

---

1 2020년 9월 확인 결과, 현재는 유효하지 않은 링크다. - 옮긴이

Pywebsocket	https://code.google.com/p/pywebsocket/
Autobahn	http://autobahn.ws/
txWS	https://github.com/MostAwesomeDude/txWS
WebSocket for Python	https://github.com/Lawouach/WebSocket-for-Python

루비(Ruby)

EM-WebSocket	https://github.com/igrigorik/em-websocket
Socky server	https://github.com/socky/socky-server-ruby

자바스크립트

농담이 아니다. Node.js 덕분에 자바스크립트로도 웹 서버를 만들 수 있다. Node.js(http://nodejs.org)는 실시간 웹 응용프로그램을 구축할 수 있는 이벤트 방식의 프레임워크다. 또한 구글의 자바스크립트 엔진인 V8에 의해서도 해석된다. 비록 프레임워크 자체적으로 웹소켓을 지원하지는 않지만, 웹소켓을 지원하는 좋은 확장들이 존재한다.

Socket IO	http://socket.io/
WebSocket-Node	https://github.com/Worlize/WebSocket-Node
Node WebSocket Server	https://github.com/miksago/node-websocket-server

Node.js는 최근 각광 받고 있는 기술이다. 따라서 한번쯤 시도해볼 만한 가치가 있다.

개발 환경 설정

서버의 개발 환경은 사용할 기술과 프레임워크, 프로그래밍 언어에 따라 달라진다. 여러분의 인생을 더 편안하게 만들어줄, 놀랄 정도로 다양한 통합 개발 환경IDE, Integrated Development Environments과 유틸리티가 존재한다.

다음은 추천하는 IDE와 이들이 지원하는 프로그래밍 언어의 목록을 보여준다.

IDE	운영체제	지원 언어
Aptana	윈도우, 맥, 리눅스	HTML5 자바스크립트 PHP
NetBeans	윈도우, 맥, 리눅스	HTML5 C/C++ 자바
이클립스(웹 개발자 플러그인과 함께 제공)	윈도우, 맥, 리눅스	HTML5 자바스크립트 C/C++ 자바
비주얼 스튜디오	윈도우	HTML5 자바스크립트 .NET
WebMatrix	윈도우	HTML5 자바스크립트 PHP .NET

이 책에서는 C#과 .NET, 플렉Fleck을 사용하기로 한다. 어떤 것을 선택해도 큰 차이는 없다. 자신이 선호하는 언어나 기존 프로젝트에서 필요로 하는 언어를 선택하면 된다.

C#은 다음과 같은 장점이 있다.

- 윈도우에서는 .NET 프레임워크를 사용하고, 맥과 리눅스에서는 Mono를 사용해 동작한다.

- 활발한 개발자 커뮤니티가 있어 지원 받기가 쉽다.

- 배우기 쉽다.

- 최소한의 구성으로 웹소켓 서버를 빠르게 설정할 수 있다.

플렉 라이브러리는 다음의 세 가지 이유로 선택했다.

- 윈도우와 유닉스 기반 운영체제에서 모두 지원된다.

- 구성과 사용이 매우 쉽다.

- 잘 유지되고 문서화가 잘 돼 있다.

다음은 C#으로 플렉 웹소켓 서버를 빠르게 설정하는 방법을 설명한다.

1. 비주얼 스튜디오 익스프레스^{Visual Studio Express}를 다운로드한다(웹 사이트 (http://www.microsoft.com/visualstudio/eng/products/visual-studio-express-for-windows-desktop)에서 무료로 사용할 수 있다).

2. 플렉을 다운로드한다(https://github.com/statianzo/Fleck).

3. 비주얼 스튜디오를 시작하고 File › New › Project를 클릭한다.

4. 비주얼 C#에서 Windows를 선택한다.

5. Console Application을 선택한다(콘솔 기반 서버가 가장 쉬운 웹소켓 서버 설정 방법이다).

6. 프로젝트 이름을 지정하고 OK를 선택한다.

7. Solution Explorer 탭에서 마우스 오른쪽 버튼으로 References 아이콘을 클릭하고 Add new reference를 선택한다.

8. browse를 클릭해 Fleck.dll 파일을 찾는다.

9. OK를 클릭하면 모든 설정이 완료된다.

웹 서버 연결

웹소켓 서버의 동작 방식은 웹소켓 클라이언트와 유사하다. 웹소켓 서버는 이벤트에 응답하고, 필요한 동작을 수행한다. 사용하는 프로그래밍 언어에 관계없이 모든 웹소켓 서버는 다음 동작을 수행한다. 웹소켓 주소로 초기화되고, `OnOpen`, `OnClose`, `OnMessage` 이벤트를 처리하며 클라이언트로 메시지를 전송한다.

웹소켓 서버 인스턴스 생성

모든 웹소켓 서버는 유효한 호스트와 포트 번호가 필요하다. 다음은 플렉에서 `WebSocketServer` 인스턴스를 생성하는 방법을 보여준다.

```
var server = new WebSocketServer("ws://localhost:8181");
```

유효한 URL 주소와 사용 중이지 않은 포트 번호라면 어떠한 것도 사용할 수 있다.

각 클라이언트에 서로 다른 데이터나 메시지를 전송하려면, 연결된 클라이언트의 기록을 유지할 필요가 있다.

플렉은 클라이언트의 연결 요청을 `IWebSocketConnection` 인터페이스로 표시한다. 비어 있는 리스트를 생성하고 클라이언트로가 연결 또는 해제될 때마다 리스트를 업데이트하면 된다.

```
var clients = new List<IWebSocketConnection>();
```

그런 다음, Start 메소드를 호출하고 클라이언트의 연결을 기다린다. Start가 시작되면, 서버는 비로소 연결 요청을 받아들일 수 있다.

플렉에서는 Start 메소드 호출 시 이벤트를 발생시킨 소켓을 가리키는 파라미터가 필요하다.

```
server.Start(socket) =>
{
});
```

구문을 설명하자면 이와 같다. Start 선언 뒤 따라 나오는 것을 C# 액션^{Action}이라고 부르며 다른 언어를 사용할 경우 무시하면 된다. 여기서는 모든 이벤트를 Start 블록 내에서 처리한다.

Open

OnOpen 이벤트는 새로운 클라이언트가 접근을 요청한 것으로 판단하고 초기 핸드쉐이크를 수행한다. 리스트에 클라이언트를 추가하고 IP 주소와 같은 관련 정보를 저장할 수 있다. 플렉은 이러한 정보뿐 아니라 연결을 위한 고유 식별자를 제공해준다.

```
server.Start(socket) =>
{
  socket.OnOpen = () =>
  {
    // 리스트에 연결 추가
    clients.Add(socket);
  }
  // 이벤트 처리
});
```

Close

OnClose 이벤트는 클라이언트의 연결이 해제될 때마다 발생한다. 해당 이벤트가 발생하면 리스트에서 클라이언트를 제거하고 나머지 클라이언트에게 연결 해제를 알려줄 수 있다.

```
socket.OnClose = () =>
{
  // 리스트에서 연결 해제된 클라이언트 삭제
  clients.Remove(socket);
};
```

Message

OnMessage 이벤트는 클라이언트가 서버에 데이터를 전송할 때마다 발생한다. 이 이벤트 핸들러 내부에서 수신 메시지를 모든 클라이언트에 전송하거나, 일부만 선택해 전송할 수 있다. 과정은 간단하다. 이 핸들러는 message라는 이름의 스트링을 파라미터로 받는다.

```
socket.OnMessage = () =>
{
  // 콘솔에 메시지 표시
  Console.WriteLine(message);
};
```

Send

Send() 메소드는 지정된 클라이언트에 원하는 메시지를 전송한다. Send()를 사용해, 텍스트나 바이너리 데이터를 클라이언트에 전달할 수 있다. 등록된 클라이언트들에 메시지를 전송하도록 OnMessage 이벤트를 다음과 같이 수정한다.

```
socket.OnMessage = () =>
{
foreach (var client in clients)
{
  // 모든 클라이언트에 메시지 전송! 또한 각각을 구분하기 위해 클라이언트 연결의 고유 ID 전송
  client.Send(client.ConnectionInfo.Id + " says: " + message);
}
};
```

모든 IP 주소나 ID를 공개적으로 보여줄 필요는 없다. 이것은 사용자(해커가 아니라면)에게 아무런 의미가 없다. 물론 실제 채팅에서는 문자열 대신 별명을 사용할 수도 있다. 4장에서는 별명을 사용하는 방법을 알아본다.

플렉에서는 문자열과 바이트 배열을 사용할 수 있다. 문자열은 일반 텍스트와 XML, JSON 메시지를 포함한다. 바이트 배열은 이미지나 바이너리 파일을 다룰 때 유용하다.

다른 메소드

사용하는 웹소켓 서버 구현에 따라, 추가적으로 지원되는 이벤트나 메소드가 있을 수 있다. 예를 들어, 플렉은 OnMessage 이벤트의 바이너리 버전인 OnBinary 이벤트를 지원한다.

웹 서버가 연결의 목록을 저장하고 메시지 전송을 위해 이들 목록을 반복할 필요가 있다는 사실을 명심하자.

전체 소스 코드

여기서는 더 나은 사용자 경험을 제공하기 위해 추가된 코드를 포함한 서버 측의 전체 소스 코드를 보여준다. 다음 스크린샷은 크롬과 인터넷 익스플로러 10에서의 채팅창 모습을 순서대로 보여주고 있다.

먼저 크롬을 사용하는 사용자의 채팅창 모습이다.

다음은 인터넷 익스플로러 10을 사용하는 두 번째 사용자의 채팅창 모습이다.

```
namespace WebSockets.Server
{
  class Program
  {
    static void Main(string[] args)
    {
      // 연결된 사용자 목록 저장
      var clients = new List<IWebSocketConnection>();


      // 웹소켓 서버 연결 초기화
```

```
var server = new WebSocketServer("ws://localhost:8181");

server.Start(socket) =>
{
  socket.OnOpen = () =>
  {
    // 리스트에 연결 추가
    clients.Add(socket);

    // 다른 클라이언트에 신규 참여자 통지
    foreach (var client in clients)
    {
      // 연결 고유 ID를 확인하고 서로 다른 환영 메시지 표시
      if (client.ConnectionInfo.Id !=
        socket.ConnectionInfo.Id)
      {
        client.Send("<i>" + socket.ConnectionInfo.Id + "
          joined the conversation.</i>");
      }
      else
      {
        client.Send("<i>You have just joined the
          conversation.</i>");
      }
    }
  };

  socket.OnClose = () =>
  {
    // 목록에서 연결 해제된 클라이언트 삭제
```

```csharp
      clients.Remove(socket);

      // 대화를 떠났음을 다른 사용자에게 통지
      foreach (var client in clients)
      {
        if (client.ConnectionInfo.Id !=
          socket.ConnectionInfo.Id)
        {
          client.Send("<i>" + socket.ConnectionInfo.Id + "
            left the chat room.</i>");
        }
      }
    };

    socket.OnMessage = message =>
    {
      // 모든 클라이언트에 메시지 전송
      // 또한 각각을 구분하기 위해 클라이언트 연결의 고유 ID 전송
      foreach (var client in clients)
      {
        client.Send(socket.ConnectionInfo.Id + " says:
          <strong>" + message + "</strong>");
      }
    };
  });

  // 키가 눌릴 때까지 종료 대기
  Console.ReadLine();
      }
    }
}
```

요약

이것으로 완전한 웹소켓 응용프로그램을 만들 수 있게 됐다. 2장에서는 자바 스크립트를 사용한 클라이언트 구성 방법에 대해 설명했고, 3장에서는 가장 익숙한 환경과 프로그래밍 언어를 사용해 웹소켓 서버를 구성하는 방법을 보여주었다. 또한 웹소켓 서버 이벤트와 동작을 살펴보았다. 4장에서는 여러 가지 데이터 포맷을 효과적으로 처리하는 방법과 웹소켓 기반의 응용프로그램에 보안을 제공하는 방법을 알아보겠다.

4

데이터 전송:
송신, 수신, 디코딩

현대 웹 개발의 중심은 콘텐츠다. 어떤 응용프로그램을 개발하든 간에, 사용자는 본인이 원하는 것을 얻지 못한다면 당장 사용을 중지할 것이다. 예전의 웹에서는 웹 사이트에 게시할 수 있는 콘텐츠가 상당히 제한적이었다. 오늘날의 콘텐츠는 정적인 텍스트와 이미지 이상을 포함한다. 메시지를 주고 받거나 비디오를 시청하거나, 프로그램을 다운로드하는 등 많은 일들을 할 수 있다. 웹 개발자로서 원하는 콘텐츠를 신속하고 효율적인 방법으로 제공할 수 있어야 한다. 웹소켓 프로토콜은 다양한 데이터 전송을 지원한다. 이는 전체 프로세스에서의 속도 부담을 가능한 줄여준다.

4장 예제에서는 웹소켓으로 이미지와 비디오 데이터를 처리해보겠다.

웹소켓으로 전송할 수 있는 데이터 종류

웹소켓 프로토콜은 텍스트와 바이너리 데이터를 지원한다. 자바스크립트에서 바이너리 데이터는 ArrayBuffer(아직 실험 단계다)[1]와 Blob 클래스로 표시되고

---

1 현재 ArrayBuffer는 자바스크립트에서 정식으로 지원되고 있다. – 옮긴이

텍스트는 문자열로 표시된다. 일반 텍스트와 바이너리 포맷을 사용하면, 거의 모든 유형의 HTML5 미디어를 전송하고 디코딩^{decoding}할 수 있다.

웹소켓은 한 번에 하나의 바이너리 포맷만을 지원한다. 또한 다음과 같이 반드시 명시적으로 선언해야 한다는 것을 명심하자.

```
socket.binaryType = "arraybuffer";
```

다른 방법은 다음과 같다.

```
socket.binaryType = "blob"
```

이 책 전반에 걸쳐, 각각의 데이터 포맷을 사용하는 구체적인 예를 살펴보겠다.

문자열

이미 3장에서 간단한 채팅 메시지 교환을 위해 일반 텍스트 데이터를 전송하는 방법을 살펴보았다. 이 외에도 문자열은 XML과 JSON 등으로 사람이 읽을 수 있는 데이터를 처리하는 데 사용할 수 있다.

OnMessage 이벤트가 발생할 때마다, 클라이언트가 데이터 타입을 확인하고 그에 따라 동작해야 한다는 사실을 기억하자. 자바스크립트에서는 동등 연산자(===)를 사용해 데이터 타입이 문자열인지 여부를 쉽게 판단할 수 있다.

```
socket.OnMessage = function(event) {
  if (typeof event.data === "string") {
    console.log("Received string data.");
  }
}
```

자바스크립트에 어느 정도 경험이 있다면, 다음과 같은 표현도 사용할 수 있음을 알 수 있을 것이다.

```
if (event.data instanceof String)
```

비록 이 코드가 유효한 코드이긴 하지만, 여기서는 동작하지 않는다. 자바스크립트 문자열 생성자로 만들 경우 instanceof 표현식은 왼쪽에 오브젝트를 필요로 하기 때문이다. 이 경우, 데이터가 서버에서 생성됐기 때문에 자바스크립트 클래스 대신 기본 타입만을 판단할 수 있다.

JSON

JSON^JavaScript Object Notation은 컴퓨터 사이에서 사람이 읽을 수 있는 형태의 데이터 전송을 위한 경량화된 포맷이다. 이것은 일반적으로 속성과 값을 나타내는 키값의 쌍으로 구성돼 있다. 효율성 덕분에 JSON은 서버와 클라이언트 사이의 데이터 전송에 사용되는 포맷 중 가장 많이 사용되고 있다. 페이스북과 트위터, 깃허브^Github를 포함한 인기 있는 RESTful API들은 JSON을 완벽하게 지원하고 있다. 또한 JSON은 자바스크립트의 일부분이기 때문에, 외부 파서^parser 없이도 바로 파싱이 가능하다.

웹 서버가 다음 JSON 문자열을 보낸다고 가정해보자.

```
{
"name" : "Vangos Pterneas",
"message" : "Hello world!"
}
```

위 표기 역시 두 개의 키값 쌍을 포함하고 있다. 데모 채팅 응용프로그램에서, 이는 다른 사용자로부터 수신한 채팅 데이터를 나타낸다. 잠시 후 이 정보를 사용해보겠다.

이 코드(socket.OnMessage = function(event) {)는 JSON 오브젝트를 처리하고
속성을 추출하는 방법을 보여준다.

```
if (typeof event.data === "string") {
    // JSON 오브젝트 생성
    var jsonObject = JSON.parse(event.data);

    // 각각의 키값 추출
    var userName = jsonObject.name;
    var userMessage = jsonObject.message;
  }
}
```

앞의 코드는 간단하다. eval 함수를 사용해 입력 문자열에서 JSON 오브젝트를
생성한다. eval 함수가 실제로 하는 일은 자바스크립트 컴파일러를 호출하고
동봉된 문자열 인수를 실행하는 것이다. 생성된 오브젝트의 속성은 JSON 키의
이름이며, 각 속성은 해당값을 가지고 있다.

XML

JSON과 유사하게, 자바스크립트를 사용해 XML로 인코딩된 문자열을 파
싱할 수 있다. XML 파싱은 이 책의 범위를 벗어나기 때문에 더 자세히 설
명하지는 않는다. 브라우저마다 다른 기술을 사용해야 하지만 (DOMParser 대
ActiveXObject), XML 파싱 자체가 어렵지는 않다. 가장 좋은 방법은 제이쿼리
jQuery와 같은 서드 파티 라이브러리를 사용하는 것이다.

 XML과 JSON 모두, 서버는 실제 XML/JSON 파일(바이너리 형식)이 아닌 문자열을 보
낸다.

ArrayBuffer

ArrayBuffer^{배열버퍼}는 구조화된 바이너리 데이터를 담고 있다. 여기서 구조화
됐다는 것은 비트가 순서로 돼 있어 그들 중 일부를 검색할 수 있음을 의미한
다. 특정한 포맷으로 배열버퍼를 조작하기 위해서는 해당 `ArrayBufferView`
오브젝트를 생성해야 한다.

배열버퍼는 이미지 파일을 저장하는 데 아주 편리하다. 채팅 중 상대방이 채
팅창에 이미지 파일을 드래그 앤 드롭해 이미지를 교환할 수 있다고 가정해
보자. 다음 코드는 HTML5 브라우저에서 자바스크립트가 드롭 이벤트를 처
리하는 방법을 보여준다.

```
document.ondrop = function(event) {
  var file = event.dataTransfer.files[0];
  var reader = new FileReader();

  reader.readAsArrayBuffer(file);

  reader.onload = function() {
    socket.send(reader.result);
  }

  return false;
}
```

앞의 코드에서 먼저 드롭 이벤트를 처리하는 이벤트 핸들러를 생성했다. 이벤
트 핸들러는 드롭된 파일에 액세스할 수 있게 해주는 하나의 파라미터를 사
용한다. 하나의 이미지를 드롭하기 때문에 제로 인덱스 파일이 필요하다. 그
런 다음, 파일 데이터를 배열버퍼로 읽는 파일리더를 생성한다. 파일리더가

파일 처리를 완료하면, 웹 소켓을 사용해 웹 서버에 이미지를 보내 onload 이벤트를 처리한다.

파일리더에 대한 자세한 내용은 웹 사이트(http://www.html5rocks.com/en/tutorials/file/dndfiles/)를 참고한다.

다음은 send 메소드를 호출하는 드롭 효과의 스크린샷을 보여준다.

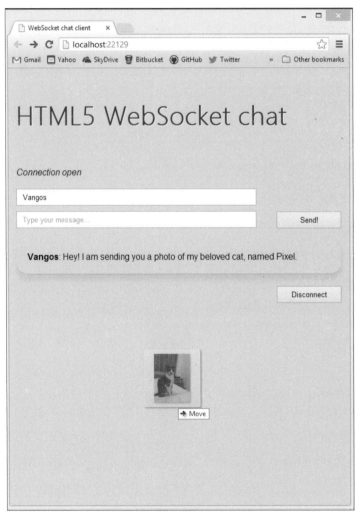

브라우저창에 이미지를 드롭해 서버로 전송

배열버퍼로 데이터를 수신하는 방법은 매우 간단하다. 동등 연산자 대신 instanceof를 사용한다는 것을 확인하자.

```
socket.OnMessage = function(event) {
  if (event.data instanceof ArrayBuffer) {
    var buffer = event.data;
  }
}
```

Blob

Blob^{Binary Large Objects, 블랍}은 원시^{raw} 데이터를 담고 있다. 블랍은 이론적으로 어떤 데이터도 될 수 있어서, 자바스크립트 오브젝트가 아니어도 가능하다. 따라서 블랍 데이터의 처리는 매우 까다로운 작업이 될 수 있다. 경험상 서버가 무엇을 전송할지 정확히 알고 있는 것이 좋다. 그렇지 않으면 정확하지 않은 가정을 해야 한다.

하지만 블랍 데이터는 파일 크기에 큰 장점을 가지고 있다. 바이너리 포맷은 기계 수준의 포맷이기 때문에 크기를 늘리는 추상화 계층이 필요 없다.

웹을 통해 멀티미디어를 전송하는 경우, 최고의 사용자 경험을 제공하기 위해서는 가능한 한 빠른 속도가 필요하다. 웹소켓 블랍은 인터넷 연결에 추가 부담을 전혀 주지 않는다. 단지 클라이언트에서의 적절한 해석이 필요할 뿐이다.

다음 코드는 원시 비트의 집합으로 전송되는 이미지를 표시하는 방법을 보여준다.

```
socket.OnMessage = function(event) {
  if (event.data instanceof Blob) {
    // 1. 원시 데이터 획득
var blob = event.data;

    // 2. 블랍 오브젝트를 위한 새로운 URL 생성
    window.URL = window.URL || window.webkitURL;
    var source = window.URL.createObjectURL(blob);

    // 3. 프로그래밍 방식으로 이미지 태그 생성
    var image = document.createElement("img");
    image.src = source;
    image.alt = "Image generated from blob";

    // 4. 문서에 마지막에 새로운 이미지 삽입
    document.body.appendChild(image);
  }
}
```

앞의 코드는 원시 데이터를 해석해 이미지를 생성한다. 새로운 HTML5의 자바스크립트 메소드를 사용해 블랍을 쉽게 처리했다. 좀 더 구체적으로 살펴보자.

먼저 서버 메시지가 배열버퍼를 처리하던 방법과 유사하게 서버 메시지가 블랍의 인스턴스인지를 확인한다. 그리고 원시 데이터를 blob이라는 로컬 변수에 저장한다.

블랍을 이미지 포맷으로 표시하기 위해서는 적절하게 디코딩해야 한다. 새로운 자바스크립트 API는 기본 이미지 조작을 쉽게 해준다. 바이트를 읽는 대신 지정된 데이터 소스에 URL을 생성한다. 이 URL은 HTML 문서가 존재하는 한 유효하다. 즉, 브라우저창을 닫은 후에는 읽을 수 없음을 의미한다.

구글 크롬에서는 `window.URL` 속성이 `window.webkitURL`으로 변경되긴 했지만, 현재 대부분의 주요 브라우저에서 지원된다. `createObjectURL` 메소드는 파라미터로 지정된 임시 파일의 URL을 생성한다. 다른 추가 정보를 제공하거나 코드를 작성할 필요가 없다. 자바스크립트가 수신한 블랍을 일반적인 브라우저 URL처럼 나타낸다.

마지막으로 이미 잘 알고 있는 DOM 조작 방법으로 이미지 요소를 만들어 새로운 URL로 제공한 후, HTML 문서의 끝 부분에 삽입한다.

 createObjectURL은 크롬 23 이상, 파이어폭스 8 이상, 인터넷 익스플로러 10 이상, 오페라 16 이상, 사파리 6 이상과 대응하는 모바일 브라우저(인터넷 익스플로러와 오페라 제외)에서 지원된다.

그러면 다음 스크린샷과 같은 화면을 볼 수 있을 것이다.

블랍 데이터가 HTML 이미지로 표시된다.

비디오 스트림

많은 웹 디자이너와 개발자들이 웹의 미래는 비디오라고 말하고 있다. 지금까지 비디오는 플래시나 실버라이트^{Silverlight} 같은 플러그인 기술을 사용해 전달했다. 이런 기술은 데스크톱 브라우저에서 잘 동작하고 있지만, 별도의 소프트웨어가 필요하며 특히나 배터리 수명 측면에서 보면 모바일이나 태블릿 같은 장치에는 재앙이었다. 애플이 아이폰과 아이패드에서 플래시를 지원하지 않기로 결정한 후, HTML5는 웹을 통해 비디오와 풍부한 그래픽을 제공할 수 있는 유일한 수단이 됐다.

웹소켓 측면에서 보면, 빠르고 효과적인 방법으로 여러 클라이언트에 비디오를 스트리밍하는 것이 이치에 맞다. 라이브 비디오 스트리밍은 아직 플래시가 살아남아 있는 마지막 이유가 될 것 같다. 이제 서버에서 웹소켓 방식으로 클라이언트에 실시간 비디오 데이터를 스트리밍하는 방법을 살펴보자.

비디오는 연속적인 이미지의 모음에 불과하다. 이러한 각각의 이미지는 프레임으로 불린다. 1초에 여러 개의 프레임이 표시되면, 사람의 눈은 각각의 이미지를 구분하지 못하고 연속적인 흐름으로 인식한다. 이것이 서버에서 클라이언트로 비디오 파일을 스트리밍하는 데 사용되는 기술이다.

서버는 초당 20개 이상의 프레임(이미지)을 보내고, 클라이언트는 계속해서 새로운 메시지를 기다린다. 이미지 표시를 위해 작성했던 코드를 기억하는가? 실시간 비디오 스트림 환경에서는 웹 페이지를 닫을 때까지 데이터를 URL로 저장할 필요가 없다. 오히려 더 이상 사용하지 않는 경우 프레임 URL을 폐기하는 것이 더 좋은 방법이다. 또한 자바스크립트로 <img> 요소를 생성할 필요도 없다.

```
<img id="video" src="" alt="Video streaming" />
```

그리고 자바스크립트에서 이에 접근할 수 있게 요소에 대한 참조를 생성한다.

```
var video = document.getElementById("video");
```

초당 20회 이상 발생하도록 수정된 OnMessage 클라이언트 이벤트는 다음과
같다.

```
socket.OnMessage = function(event) {
  if (event.data instanceof Blob) {
    // 1. 원시 데이터를 가져옴
var blob = event.data;

    // 2. 블랍 오브젝트를 위한 새로운 URL 생성
    window.URL = window.URL || window.webkitURL;
    var source = window.URL.createObjectURL(blob);

    // 3. 이미지 소스 업데이트
    video.src = source;

    // 4. 할당된 메모리 해제
    window.URL.revokeObjectURL(source);
  }
}
```

HTML 문서에 이미지를 드롭하는 데 사용했던 코드와 유사하다. 다음 두 가
지 사항에 주목한다.

* 지속적으로 src 속성을 변경하기 위해 <img> 요소에 대한 참조를 생성한다.

* 모든 src를 할당한 후에는 revokeObjectURL 함수를 호출해 이미지를 해
  제한다. 이 함수는 지정된 URL에 할당된 메모리를 해제하고, 브라우저에
  더 이상 URL의 참조를 유지할 필요가 없음을 알린다.

80

다음 스크린샷은 연속적인 프레임을 사용한 비디오 스트리밍을 보여준다.

 사실 이 방법이 최적의 비디오 스트리밍 방법은 아니다. 좀 더 전문적인 접근 방식은 구글과 모질라, 오페라에 의해 구현된 훌륭한 멀티미디어 개발 API인 WebRTC(http://www.webrtc.org)를 사용하는 것이다.

전체 통합

클라이언트의 요청을 처리하고, 이미지를 수신하며, 비디오 프레임을 업데이트하는 서버 코드는 어디에 있는지 궁금할 것이다. 클라이언트 측의 자바스크립트 코드에 집중하기 위해 의도적으로 서버 측의 코드는 설명하지 않았다. 채팅 데모 웹 응용프로그램 구현을 위해, 이제 클라이언트와 서버의 코드를 모두 보여주겠다. 웹소켓 서버 구현을 위해 어떤 프로그래밍 언어와 프레임워크도 사용할 수 있음을 다시 한번 명심한다.

이제 새롭게 구현할 부분을 자세히 살펴보자.

JSON을 이용한 닉네임과 메시지 전송

먼저 사용자가 닉네임을 설정할 수 있게 HTML 문서에 텍스트 필드를 하나 추가한다. 닉네임을 JSON 포맷으로 인코딩해 텍스트 메시지로 전송한다.

메시지 입력 필드 앞에 새로운 텍스트 입력 필드를 추가한다.

```
<label id="status-label">Status...</label>
<input type="text" id="name-view" placeholder="Your name" />
<input type="text" id="text-view" placeholder="Type your
  message..." />
```

그런 다음, 자바스크립트 코드의 참조를 생성한다.

```
var nameView = document.getElementById("name-view");
```

마지막으로, 닉네임과 메시지를 서버로 전송한다.

```
buttonSend.onclick = function (event) {
  if (socket.readyState == WebSocket.OPEN) {
    var json = "{ 'name' : '" + nameView.value + "', 'message' :
```

```
        '" + textView.value + "' }";
      socket.send(json);
      textView.value = "";
    }
}
```

이제 서버가 클라이언트에 이 메시지를 전송해야 한다. 앞 장과 변경된 부분은 없다.

```
socket.OnMessage = message =>
  {
    // 모두에게 텍스트 메시지 전송
    foreach (var client in clients)
      {
        client.Send(message);
      }
};
```

클라이언트는 JSON 문자열을 디코딩해 메시지를 표시한다. 채팅 영역에 텍스트를 아름답게 표시하기 위해 스타일을 추가했다.

```
socket.OnMessage = function (event) {
  if (typeof event.data === "string") {
    // 메시지 표시
    var jsonObject = eval('(' + event.data + ')');
    var userName = jsonObject.name;
    var userMessage = jsonObject.message;

    chatArea.innerHTML = chatArea.innerHTML +
      "<p><strong>" + userName + "</strong>: " + userMessage +
        "</p>";
  }
}
```

서버에 이미지 전송

앞에서 다뤘던 ondrop 이벤트를 기억하는가? 일관성을 유지하기 위해 ArrayBuffer 대신 블랍을 사용한 동일한 함수를 다음과 같이 작성한다.

```
document.ondrop = function(event) {
  var file = event.dataTransfer.files[0];

  socket.send(file);

  return false;
}
```

HTML5의 드래그 앤 드롭을 처리할 때, 항상 미리 정의된 드래그 앤 드롭의 기본 동작이 발생하지 않게 해야 함을 기억하자. 이 기본 동작을 오버라이드할 것을 명시적으로 정의하지 않으면, 구현한 결과가 제대로 표시되지 않는다. 다행히 이를 처리하는 것은 매우 간단하다.

```
document.ondragover = function (event) {
  event.preventDefault();
}
```

서버는 모든 클라이언트들에게 블랍 이미지를 배포할 필요가 있다. 플렉 라이브러리는 바이너리 데이터를 수신했을 때 발생되는 OnBinary 이벤트를 도입했다.

```
socket.OnBinary = data =>
  {
    // 모든 클라이언트에 바이너리 데이터 전송
    foreach (var client in clients)
      {
        client.Send(data);
```

```
        }
};
```

이 메소드는 `OnMessage` 메소드와 유사하게 동작한다. 유일한 차이점은 파라미터로 문자열 대신 데이터의 배열을 취한다는 점이다. 바이트의 배열은 가장 기본적이고 효율적인 이미지 표현 방법이다.

나머지 클라이언트들이 이미지를 받으면, 새로운 <img> 요소가 생성된다. 이 방법은 이미 살펴봤다. 이에 따라 `OnMessage` 함수를 업데이트한다.

```
socket.OnMessage = function(event) {
if (typeof event.data === "string") {
  // JSON을 디코드해 닉네임과 메시지 표시
  // …
}
  else if (event.data instanceof Blob) {
  // 원시 데이터를 받아 image 요소 생성
var blob = event.data;

    window.URL = window.URL || window.webkitURL;
    var source = window.URL.createObjectURL(blob);


var image = document.createElement("img");
    image.src = source;
    image.alt = "Image generated from blob";


    document.body.appendChild(image);
  }
}
```

요약

4장에서는 웹소켓 프로토콜에서 지원하는 다양한 데이터 포맷에 대해 자세히 살펴봤다. 문자열 및 바이너리 데이터(텍스트, 이미지, 비디오)를 사용해 다양한 예제를 구현했고, 클라이언트 측에서 데이터를 제대로 인코딩하고 디코딩하는 방법을 알아보았다. 마지막으로 이미지와 비디오를 조작할 수 있게 채팅 예제 프로그램을 확장했다. 5장에서는 응용프로그램을 더욱 강력하게 만들어 줄 웹에서의 보안 고려 사항에 대해 알아보겠다.

5
보안

보안은 데이터를 교환하는 웹 응용프로그램에서 아주 중요한 문제다. 웹에 존재하는 모든 사이트 또는 응용프로그램은 사람이나 로봇(웹 크롤러) 침략자에게 공격 받을 수 있다. 슬프지만 이것이 현실이며 우리는 이런 세상 속에서 살고 있다.

그렇다고 여러분의 웹 응용프로그램이 전혀 안전하지 않다고 말하는 것은 아니다. 다행히도 HTML5의 기본 보안 메커니즘은 특별한 설정 없이도 가장 일반적인 보안 공격으로부터 보호해준다. 또한 웹소켓 프로토콜은 보안 서비스가 가능하도록 설계돼 있어 기본적인 보호는 보장되고 있다.

5장에서는 몇 가지 잘 알려진 보안 위험 요소를 제시하고, 위험을 방지하고 이에 맞서 극복할 수 있는 도구와 지식에 대해 알아본다.

웹소켓 헤더

잘 알지 못하는 사람이나 자신이 누구인지 신원을 밝히지 않는 사람과는 악수를 하지 않을 것이다. 웹소켓 세계에서도 누가 요청했는지 출처를 확인해야 한다. origin 헤더는 클라이언트가 보낸 헤더로 웹 서버가 이 정보를 가지고 특정한 연결을 거부할 수 있기 때문에 도메인 간 통신에 필수적이다. origin 은 웹소켓에 문서화되고 도입된 가장 중요한 보안 요소다.

클라이언트가 웹소켓 프로토콜로 업그레이드를 허용하는 데 필요한 몇 가지 헤더가 더 있다. 이러한 헤더는 Sec- 프리픽스^{prefix}로 시작하며, 모든 웹소켓 요청이 교환된 정보에 접근이 필요한 HTTP API 대신, 웹소켓 생성자로 초기화될 것을 보증한다.

다음은 클라이언트에서 보낸 웹소켓 헤더의 예다.

```
GET /chat HTTP/1.1
Host: server.example.com
Upgrade: websocket
Connection: Upgrade
Origin: http://example.com
Pragma: no-cache
Cache-Control: no-cache
Sec-WebSocket-Key: AAf/gvkPw6szicrMH3Rwbg==
Sec-WebSocket-Version: 13
Sec-WebSocket-Extensions: x-webkit-deflate-frame
```

Sec-WebSocket-Version 파라미터는 사용되는 브라우저를 식별하는 데 도움이 된다. 특정한 브라우저를 위해 특정한 변경이 필요하다면 주의해야 한다. 이에 응답하는 서버의 핸드쉐이크는 다음과 같을 것이다.

```
HTTP/1.1 101 Switching Protocols
  Upgrade: websocket
  Connection: Upgrade
  Sec-WebSocket-Accept: s3pPLMBiTxaQ9kYGzzhZRbK+xOo=
```

좀 더 이론적인 세부 사항에 관심이 있다면, 웹 사이트(http://tools.ietf.org/html/rfc6455)에 있는 RFC 6455의 전체 규격을 읽어보기 바란다.

일반적인 공격

현재 웹소켓 프로토콜은 상당히 안전하게 설계돼 있다. 하지만 주의해야 한다. 웹소켓은 새롭게 등장한 프로토콜이고 모든 웹 브라우저가 정확하게 구현하고 있지는 않다. 예를 들어, 규격에서는 HTTP와 WS의 혼합을 허용하고 있지 않지만, 일부 브라우저는 이와 다르게 구현돼 있다. 모든 것이 변경될 수 있으며, 브라우저 구현이 완벽해질 때까지는 몇 가지 보호 기술을 직접 적용할 필요가 있다.

따라서 전통적인 문제는 여전히 해결되지 않았다. HTTP를 지켜보다가 웹 트래픽을 가로채는 나쁜 사람들을 기억하는가? WS에도 동일한 문제가 발생할 수 있다.

알고 있어야 할 일반적인 보안 공격 방법 몇 가지를 제시한다. 이를 통해 결과적으로 여러분의 응용프로그램과 사용자를 보호할 수 있을 것이다.

DoS

DoS^{Denial of Service, 서비스 거부} 공격은 사용자가 요청하는 컴퓨터나 네트워크의 리소스를 사용할 수 없게 만든다. 누군가가 아주 적은 시간 간격으로 연속해서 웹 서버에 연결을 요청한다고 가정해보자. 당연히 서버는 모든 연결을 처리할 수 없고, 응답을 멈추거나 아주 느리게 응답할 수 있을 것이다. 이것이 DoS 공격의 가장 간단한 형태다.

이것이 얼마나 사용자를 짜증나게 할지는 언급할 필요가 없을 것이다.

DoS 공격은 심지어 피어 투 피어peer-to-peer 통신에도 적용될 수 있다. 그래서 P2P 네트워크의 클라이언트가, 희생자가 될 웹 서버에 연속적으로 연결을 요청하게 만든다.

다음 그림은 DoS 공격에 대해 설명한다.

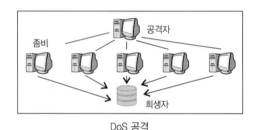

DoS 공격

맨 인 더 미들

인스턴트 메시저로 여자 친구와 채팅을 한다고 가정해보자. 그녀의 전 남자친구가, 여러분이 여자친구와 주고 받는 메시지를 보기 위해 두 사용자와 각각 독립적으로 연결하고 메시지를 가로챈다. 또 보이지 않는 중간자처럼 동작하면서 여러분과 여자친구에게 메시지를 보낸다. 이것이 맨 인 더 미들Man-in-the-middle로 알려진 공격 방법이다. 맨 인 더 미들 같은 공격은 침입자가 직접 패키지를 읽을 수 있기 때문에 암호화되지 않은 연결에서 쉽게 할 수 있다. 연결이 암호화되면, 공격자가 정보를 해독해야 하기 때문에 공격이 훨씬 더 어려워진다.

기술적인 관점에서 보면, 공격자는 공개 키 메시지 교환을 차단하고 요청된 키를 자신의 것으로 바꿔치기한 뒤에 메시지를 보낸다.

공격자의 공격을 어렵게 만들 수 있는 가장 견고한 전략은 웹소켓을 SSH[1]와 함께 사용하는 것이다. 대부분의 중요한 데이터를 교환하는 경우 암호화되지 않은 WS 대신 WSS 보안 연결을 사용하는 것이 좋다.

다음 그림은 스파이가 침입해 데이터를 수집하는 방법을 설명한다.

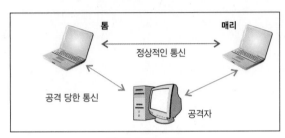

맨 인 더 미들 공격

XSS

XSS^{Cross-site scripting, 교차 사이트 스크립팅}은 공격자가 웹 페이지나 응용프로그램에 클라이언트 측 스크립트를 삽입할 수 있는 취약점을 말한다. 공격자는 응용프로그램 허브를 사용해 HTML이나 자바스크립트 코드를 전송하고 이 코드가 클라이언트 컴퓨터에서 실행될 수 있게 할 수 있다.

XSS 공격의 간단한 형태는 웹 폼을 작성할 때 볼 수 있다. 누군가가 우리가 개발한 채팅 응용프로그램을 이용해 다음 데이터를 전송한다고 가정해보자.

```
<img src="http://www.therichest.org/wp-content/uploads/young-bill-gates.jpg"/>
```

---

1 Secure Shell. 공개 키 방식의 암호화된 메시지 전송 시스템 – 옮긴이

직접 한번 해보자. 메시지 텍스트 필드에 위 내용을 입력하고 보내기 버튼을
클릭한 후 결과를 기다린다.

다음 그림은 우리가 작성한 웹소켓 채팅 응용프로그램에 대한 XSS 공격을 보
여준다.

이미지 전송이 채팅 응용프로그램에서 나쁜 것은 아니지만, 이 방법을 통해
누군가가 HTML 코드를 삽입할 수 있다. 비슷한 방법으로, 누군가가 자바스
크립트 코드를 실행해 해를 끼칠 수도 있다.

그럼 어떻게 해야 할까? XSS 공격에 대비하는 것은 여전히 유효하고 바람직하다. HTML이나 자바스크립트 코드를 확인해 적절한 표현으로 대체하거나 이를 거부하는 것이 좋다.

다음 사이트(https://www.owasp.org/index.php/XSS_Filter_Evasion_Cheat_Sheet)는 XSS 공격의 모든 양상과 이 문제를 피할 수 있는 방법에 대해 잘 설명하고 있다.

웹소켓 기본 방어 메커니즘

기본적으로 웹소켓 프로토콜은 안전하게 설계돼 있지만, 실 세계에서는 완벽하지 않은 브라우저 구현 때문에 다양한 문제가 발생할 수 있다. 하지만 크게 걱정할 필요는 없다. 시간이 지남에 따라, 브라우저 업체들은 문제들을 즉시 해결해왔다. 여전히 걱정스럽다면, 다음 장에서 설명할 구식 폴백 기술을 사용하면 된다.

SSH/TLS

짐작한 바와 같이 SSH(또는 TLS)를 통해 보안 웹소켓을 연결하는 경우, 보안 레이어가 추가된다. HTTP와 HTTPS 사이에서 결정이 필요했던 때를 기억하는가? 은행 계좌 정보나 개인 정보 등 반드시 필요한 경우에만 HTTPS를 사용하도록 선택했을 것이다. 그 외 대부분의 경우에는 더 빠르고 가벼운 HTTP를 사용했을 것이다. HTTPS는 더 많은 CPU 자원을 소모하며 HTTP에 비하면 많이 느리다.

웹소켓 세계에서는, 보안 연결의 성능을 걱정할 필요가 없다. 비록 상위 단계에서 추가 TLS^2 레이어가 필요하긴 하지만, 이에 대한 최적화가 프로토콜 자체에 포함돼 있으며 WSS는 프록시를 통해 더 매끄럽게 동작한다.

클라이언트 서버 마스킹

웹소켓 서버와 웹소켓 클라이언트 사이에 전송되는 모든 메시지에는 마스킹 키$^{masking\ key}$라고 하는 특별한 키가 포함돼 있다. 마스킹 키는 웹소켓을 지원하는 중개자가 마스크를 해제하고 메시지를 살펴볼 수 있게 해준다. 중개자가 웹소켓을 지원하지 않으면, 메시지는 영향을 받지 않는다. 마스킹은 웹소켓 프로토콜을 구현한 브라우저에 의해 처리된다.

보안 도구 상자

마지막으로 웹소켓 클라이언트와 서버 사이의 정보 흐름을 조사하고, 교환된 데이터를 분석하며 가능한 위험을 식별하는 데 도움이 되는 유용한 도구에 대해 알아본다.

피들러

피들러^{Fiddler}는 네트워크 활동을 모니터링하면서, 나가고 들어오는 데이터 트래픽을 검사할 수 있는 좋은 도구다.

다음 스크린샷은 웹소켓 헤더를 표시하는 피들러의 동작을 보여준다.

---

2 Transport Layer Securing. 전송 계층 보안. SSL(Secure Sockets Layer)의 차세대 규약으로, SSL에 비해 강력한 암호화를 제공한다. – 옮긴이

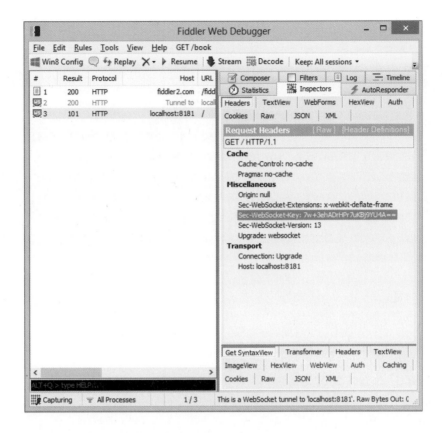

피들러는 웹 사이트(http://www.fiddler2.com/fiddler2/)에서 다운로드할 수 있다.

와이어샤크

와이어샤크^{Wireshark}는 패키지를 캡처해 데이터를 정확하게 표시해주는 네트워크 패키지 분석기다.

다음 스크린샷은 와이어샤크의 동작을 보여준다.

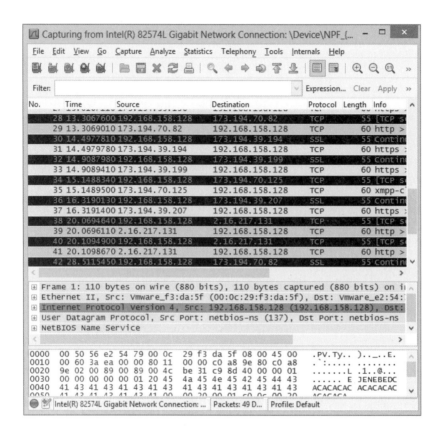

와이어샤크는 웹 사이트(http://www.wireshark.org/)에서 다운로드할 수 있다.

브라우저 개발자 도구

크롬과 파이어폭스, 오페라는 개발자 지원 측면에서 아주 좋은 브라우저다. 기본으로 제공되는 도구는 거의 모든 클라이언트 측의 상호작용과 자원을 알 아내는 데 도움이 된다.

다음 스크린샷은 크롬 개발자 도구의 동작을 보여준다.

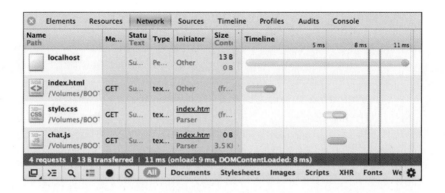

ZAP

ZAP은 웹 응용프로그램 및 사이트를 직접 공격해, 이들의 취약점을 찾아주는 침투 테스트 도구다. 앞에서 설명한 다른 도구와 마찬가지로, ZAP은 사용하기 편리한 GUI 화면을 제공해준다.

다음 스크린샷은 ZAP의 동작을 보여준다.

ZAP은 웹 사이트(https://github.com/zaproxy/zaproxy)에서 다운로드할 수 있다.

요약

5장에서는 반드시 알고 있어야 할 웹 응용프로그램을 위협하는 다양한 보안 공격과 웹소켓의 기본 보안 메커니즘에 대해 알아보고, 네트워크 전송을 관리하는 데 도움이 되는 몇 가지 인기 있는 도구를 살펴보았다. 6장에서는 웹소켓 프로토콜 지원이 부족한 브라우저를 위한 몇 가지 폴백 기술에 대해 알아보겠다.

6

에러 처리와 폴백

이제 웹소켓의 기능에 익숙해졌을 것이다. 또한 전이중 통신이 제공하는 장점에 대해서 이해하게 됐을 것이다. 하지만 웹소켓은 HTML5 기반에서 구축됐으며 지원에 있어서 브라우저에 크게 의존하고 있다. 고객이 사용하는 브라우저에서, 구현하고자 하는 기능이 지원되지 않으면 어떻게 하겠는가? 그대로 고객이 떠나게 내버려 두겠는가? 당연히 그렇지 않을 것이다. 다행히 약간의 노력을 기울이면, 웹소켓 동작을 모방해 구현할 수 있다.

웹소켓은 미래 지향적인 방법이다. 하지만 많은 고객들을 지원하기 위해서는 약간의 폴백^{fallback, 대체} 기술이 필요하다.

에러 처리

에러를 처리할 때는 내부적인 요인과 외부적인 요인 모두를 고려해야 한다. 내부적인 요인은 코드의 버그나 예상치 못한 사용자의 행동으로 야기될 수 있다. 외부적인 요인은 응용프로그램과 상관이 없으며, 제어할 수 없는 요인과 관련된다. 가장 중요한 요인 중 하나는 네트워크 연결이다. 모든 대화형 양방향 웹 응용프로그램은 항상 인터넷 연결이 활성화돼 있어야 한다.

네트워크 가용성 확인

사용자가 웹 응용프로그램을 사용하고 있는 도중, 네트워크 연결이 갑자기 중단돼 응용프로그램이 동작하지 않는 경우를 생각해보자. 현대의 네이티브 데스크톱과 모바일 응용프로그램들은 이런 경우를 위해 대부분 네트워크 가용성을 먼저 확인한다. 가장 일반적인 방법은 사용할 웹 사이트(예를 들어, 구글(http://www.google.com) 등)에 간단한 HTTP 요청을 보내는 것이다. 요청이 성공한다면 연결이 활성화돼 있는 것으로 판단할 수 있다.

마찬가지로 HTML은 XMLHttpRequest로 네트워크 가용성을 판단할 수 있다. 하지만 HTML5는 브라우저가 웹 응답을 받을 수 있는지 여부를 확인하는 데 이보다 더 쉬운 방법을 제공한다. 바로 다음의 navigator 오브젝트로 가능하다.

```
if (navigator.onLine) {
  alert("You are Online");
}
else {

  alert("You are Offline");
}
```

오프라인 모드는 단말이 연결되지 않았거나 사용자가 브라우저 툴바에서 오프라인 모드를 선택했을 때를 의미한다.

다음은 네트워크 사용이 불가할 때 이를 사용자에게 알리고, 웹소켓 close 이벤트가 발생했을 때 재연결을 시도하는 방법을 보여준다.

```
socket.OnClose = function (event) {
  // 연결 종료
  // 먼저 원인 확인
  if (event.code != 1000) {
    // 에러 코드 1000은 연결이 정상적으로 종료됐음을 의미
    // 재연결 시도
    if (!navigator.onLine) {
      alert("You are offline. Please connect to the Internet and try
        again.");
    }
  }
}
```

앞의 코드는 매우 간단하다. 먼저 에러 코드를 확인해 웹소켓 연결이 성공적으로 종료됐는지 여부를 판단한다. 에러 코드 1000은 정상적으로 종료됐음을 의미한다. 에러로 인해 close 이벤트가 발생했다면, 코드는 1000이 아닐 것이다. 이 경우에는 연결성을 확인하고 사용자에게 이를 알린다.

이것이 HTML5의 기능이다. 폴리필^polyfill에 대해서는 나중에 자세히 다루겠지만, 이 기능을 제공하지 못하는 브라우저를 위해 네트워크 연결성을 확인해주는 다음의 폴리필을 사용할 수 있다.

- https://github.com/remy/polyfills/blob/master/offline-events.js
- http://nouincolor.com/heyoffline.js/[1]

첫 번째는 스마트폰 API와 유사하게 XMLHttpRequest를 사용한다.

---

1 2020년 9월 확인 결과, 현재는 유효하지 않다. – 옮긴이

폴백 솔루션

실생활에서는 직접적이고 효과적인 신체적인 접촉을 더 선호한다. 하지만 이는 상대방을 직접 만나야만 가능한 방법이다. 직접 접촉할 수 없는 상황이 많이 있기 때문에 다른 의사소통 방법이 필요하다.

아쉽게도 HTML5의 모든 기능이 아직까지 모든 브라우저에서 동일하게 지원되지 않는다. 특히 새로운 자바스크립트 API를 살펴보면, 여러 브라우저 사이에서 크고 작은 차이가 아직 많이 존재하고 있다. 또한 브라우저 벤더들이 현재 배포 버전에 정확히 동일한 기능을 제공하기로 결정했다 하더라도, 업데이트를 할 수 없거나 원하지 않는 사용자가 있을 수 있다. 스탯카운터[StatCounter] 및 W3카운터[W3Counter]에 의하면, 2013년 3월 현재 데스크톱 브라우저의 점유율은 구글 크롬과 마이크로소프트 인터넷 익스플로러, 모질라 파이어폭스 순이다.[2]

인터넷 익스플로러 8이 아직도 7퍼센트를 차지하고 있으며, 인터넷 익스플로러 7이 5퍼센트, 사파리 5.1이 3퍼센트를 차지하고 있다. 이 15퍼센트의 고객을 놓치고 싶지는 않을 것이다.

폴백 솔루션은 이와 같은 상황을 처리해 구형 브라우저를 사용하는 사용자들에게 적절하게 기능이 축소된 사용자 경험을 제공해준다. 현재 인기 있는 폴백 솔루션에는 플러그인(플래시나 실버라이트)과 폴리필로 알려져 있는 자바스크립트 코드 등 두 가지 방법이 있다.

---

2 2020년 9월 현재 점유율은 크롬, 사파리, 파이어폭스, 마이크로소프트 엣지, IE 순으로 IE 점유율은 2.5% 퍼센트 이하로 떨어졌다. 그러나 여전히 폴백 솔루션에 대한 검토는 필요하다. – 옮긴이

자바스크립트 폴리필

먼저 네이티브 웹에 더 가까운 폴리필부터 살펴본다. 자바스크립트 폴리필은 미래의 기능을 모방하는 솔루션 및 라이브러리로, 구형 브라우저에서 이들 기능을 지원할 수 있게 도와준다. 현재 캔버스나 스토리지, 위치 정보^{Geolocation}, 웹소켓, CSS3 등 HTML5의 거의 모든 기능을 제공해주는 폴리필 솔루션들이 존재한다.

폴리필 솔루션은 표준 HTML5 API와 동시에 사용돼야 한다.

HTML5와 폴리필 솔루션을 모두 구현해야 하는 경우, 왜 폴리필만 구현해서 시간과 비용을 절약하지 않는가? 다음은 두 솔루션을 모두 지원해야 하는 네 가지 이유를 보여준다.

1. 더 나은 사용자 경험: HTML5를 사용할 경우, 방문자에게 최상의 사용자 경험을 제공할 수 있다. 모든 것이 브라우저에 의해 처리돼 응용프로그램의 요구 사항에만 초점을 맞추면 된다. 특정 문제를 해결하기 위해 폴리필을 사용하는 경우, 최종 제품의 품질이 동일하지 않을 수 있다. 물론 아무것도 제공하지 않는 것보다는 좋지만, 폴리필은 단지 패치일 뿐이다.

2. 성능: 폴리필 플러그인에 대한 HTML5의 가장 큰 장점은 성능이다. 자바스크립트 파일을 요청할 때 추가 자원이 필요하며, 로딩 시간이 증가한다. 또한 자바스크립트 플러그인은 네이티브 브라우저 구현보다 훨씬 느리게 동작한다. 웹소켓 프로토콜은 양방향 전이중 통신을 제공할 수 있게 설계됐다. 양방향 전이중 통신을 제공할 수 있는 가장 빠른 방법은 바로 웹소켓뿐이다. 폴리필은 기존의 AJAX 폴링을 사용해 전이중 통신을 모방할 뿐이다. 우리는 이미 AJAX 폴링이 웹소켓보다 느리다는 것을 잘 알고 있다.

3. 미래 친화적: 지금 HTML5를 사용하면 브라우저가 업데이트될 때 자동으로 웹 사이트나 응용프로그램이 개선된다. 예를 들어 3년 전부터 캔버스

를 사용한 사람의 경우, 인터넷 익스플로러 9으로 업데이트할 경우 자동으로 혜택을 받을 수 있다.

4. **표준 친화적**: 비록 콘텐츠를 웹 표준으로 만드는 것이 최고 우선순위는 아니지만, 현재 구현을 표준 사양에 따르게 하는 것이 좋다. 웹 표준은 '우수 사례^best practices'로 알려진 제안들을 수용해 만들어진다. 비록 폴리필이 유효한 자바스크립트 코드로 구성돼 있지만, 대부분 특정 브라우저의 버그를 해결하기 위해 필요한 비표준 코드를 삽입하는 데 사용된다.

인기 있는 폴리필

모더나이저^Modernizr는 브라우저에서 지원하는 HTML5과 CSS3의 기능을 감지하고, 구형 브라우저에서 이들을 지원해주는 폴리필 라이브러리로 잘 알려져 있다. 웹 사이트(https://github.com/Modernizr/Modernizr/wiki/HTML5-Cross-Browser-Polyfills)에서 모든 HTML5의 기능에 대응하는 폴리필을 찾아볼 수 있다.

웹소켓에 대해서는, 아래 라이브러리들이 웹소켓과 유사한 기능을 제공해주고 있다.

이름	주소
SockJS	https://github.com/sockjs/sockjs-client
socket.io	http://socket.io/
카징 웹소켓 게이트웨이(Kaazing WebSocket Gateway)	http://kaazing.com/products/kaazing-websocketgateway.html
web-socket-js	http://github.com/gimite/web-socket-js/

(이어짐)

이름	주소
앳모스피어(Atmosphere)	http://jfarcand.wordpress.com/2010/06/15/using-atmospheres-jquery-plug-in-to-buildapplicationsupporting-both-websocket-and-comet/[3]
그레이스풀 웹소켓(Graceful WebSocket)	https://github.com/ffdead/jquery-graceful-websocket
포털(Portal)	https://github.com/flowersinthesand/portal
데이터채널(DataChannel)	https://github.com/piranna/DataChannel-polyfill

카징^{Kaazing}을 제외한 위의 모든 라이브러리는 오픈 소스로 무료로 사용할 수 있다. 이들 라이브러리들은 웹소켓 동작을 에뮬레이트하는 데 일부는 플래시에 의존하며 일부는 AJAX를 사용한다.

다음은 그레이스풀 웹소켓 라이브러리를 사용하는 예를 보여준다. 그레이스풀 웹소켓은 단순하면서도 경량이고, 플래시를 사용하지 않으면서 웹소켓 API와 유사한 기능을 제공해주기 때문에 선택했다.

먼저 제이쿼리와 함께 라이브러리를 다운로드하고, 프로젝트에 포함시킨다.

```
<script src=" jquery-1.9.1.min.js"></script>
<script src="jquery.gracefulWebSocket.js"></script>
```

웹소켓을 사용할 때와 동일하게 문서 구조를 만들고, 단순히 WebSocket 클래스를 gracefulWebSocket으로 바꾸기만 하면 된다.

```
var socket = new WebSocket("ws://localhost:8181");
```

을

---

3 2020년 9월 확인 결과, 현재는 유효하지 않은 링크다. – 옮긴이

```
var socket = $.gracefulWebSocket("ws://localhost:8181");
```

으로 바꾼다.

정말 간단하지 않은가? 나머지 웹소켓 이벤트와 메소드는 동일하게 유지한다.

```
socket.OnOpen = function (event) {
  // 이전과 동일하게 open 이벤트를 처리한다.
};

socket.OnClose = function (event) {
  // 이전과 동일하게 close 이벤트를 처리한다.
};

socket.OnMessage = function (event) {
  // 이전과 동일하게 message 이벤트를 처리한다.
};

socket.onerror = function (event) {
  // 이전과 동일하게 error 이벤트를 처리한다.
};
```

데이터 전송도 동일하게 하면 된다.

```
socket.send("Hello server! I'm a WebSocket polyfill.");
```

일반 모드에서, 앞의 코드는 단순히 웹소켓 오브젝트를 래핑하고 네이티브 메소드를 실행한다. 폴백 모드에서 라이브러리는 WS 프로토콜을 HTTP로 변경하여, HTTP GET 요청으로 메시지를 수신하고, HTTP POST 요청으로 메시지를 전송한다.

어떤 폴리필 솔루션은 코드에 약간의 변경만이 필요하지만, 어떤 솔루션은 많은 수정이 필요하거나 특정 서버 백엔드(back-end)와 함께 동작해야 하는 경우도 있다. 특정 폴리필을 제품에 사용하기 전에 각 플러그인의 요구 사항과 사용법에 대해 주의 깊게 살펴보는 것이 좋다.

브라우저 플러그인

브라우저 플러그인은 HTML5 이전 시대에서 리치 인터넷 응용프로그램 구현을 위해 반드시 필요한 솔루션이었다. 예를 들어, 웹 사이트에 데스크톱 같은 풍부한 기능을 제공하기 위해 개발자들은 플래시나 실버라이트, 자바 등을 사용해왔다. 몇 년 전까지, 기본 UX 효과나 전환, 애니메이션은 일반 HTML과 CSS, 자바스크립트로 만들 수 없었다.

이런 격차를 채우기 위해, 개발자들은 플러그인을 사용해 클라이언트의 브라우저에 프레임워크를 설치하고 풍부한 콘텐츠를 제공했다.

브라우저 플러그인은 시간이 지날수록 사용을 꺼리게 만드는 여러 가지 단점을 보여주었다. 리소스를 많이 사용해서, 사용자들이 페이지가 완전히 로딩되기까지 더 오랜 시간 기다려야 하며, 대부분이 독점 기술을 기반으로 한다. 그결과 애플과 마이크로소프트를 비롯한 많은 기업들이 HTML5을 선호하게 됐고 브라우저 플러그인에서 HTML5로 이동하게 됐다.

하지만 사용자가 구형 브라우저를 사용해 웹 사이트에 접속한다면, 이들 중 하나 이상의 플러그인이 설치된 구형 PC를 사용할 가능성이 크다. 몇몇 훌륭한 웹소켓 구현은 양방향 통신을 동작시키기 위해 플래시를 사용하고 있으며 앞에서 언급한 몇몇 폴리필도 플래시를 사용하고 있다.

액션 스크립트로 HTML5 방식과 같은 웹소켓 API를 구현한 websocket-as(https://github.com/y8/websocket-as)⁴는 인기 있는 유틸리티다. 마이크로소프트의 실버라이트와 WCF 기술을 사용한 유사한 예(http://www.codeproject.com/Articles/220350/Super-WebSockets-WCF-Silverlight-5)도 있다.

플래시나 실버라이트에 대해 잘 알고 있다면, 선호하는 브라우저 플러그인을 기반으로 폴백 솔루션을 구현할 수 있다. 그렇지 않다면 자바스크립트로 구현하면 된다.

요약

모든 브라우저가 웹소켓을 기본으로 지원하고 있지는 않다. 그 결과 HTML5를 사용할 수 없는 사용자들을 위해 폴백 솔루션을 제공해줄 필요가 있다. 다행히 오픈 소스 커뮤니티는 HTTP나 플래시를 사용해 웹소켓 기능을 애뮬레이션해주는 다양한 기술을 제공하고 있다. 웹 응용프로그램에서 HTML5와 폴백을 둘 다 지원하도록 구현하는 것은 중요하며, 이는 지원할 수 있는 고객의 수가 늘어남을 의미한다. 6장에서는 몇 가지 인기 있는 폴백 기술과 이들을 사용한 웹소켓 응용프로그램에서 연결 에러를 처리하는 방법을 알아보았다. 이것으로 웹소켓과 HTML에서 알아야 할 모든 것들을 살펴보았다. 7장에서는 모바일 경험 관점에서 웹소켓 프로토콜에 대해 알아보겠다.

---

4 2020년 9월 확인 결과, 현재는 유효하지 않은 링크다. - 옮긴이

7
모바일과 태블릿

웹소켓은 그 이름이 의미하는 것처럼, 웹을 사용한다. 웹은 온라인으로 데이터를 표시하는 기본 수단이기 때문에 일반적으로 브라우저 페이지와 뒤섞여 있다. 그러나 브라우저가 아닌 네이티브 응용프로그램 역시 온라인으로 데이터를 전송한다. 아이폰과 아이패드 출시는 웹 브라우저를 사용하지 않고 웹이 상호 연결되는 새로운 가능성을 열어주었다. 새로운 스마트폰과 태블릿 디바이스는 고유한 사용자 경험을 제공하기 위해 웹 브라우저 대신에 네이티브 응용프로그램을 활용했다.

왜 모바일이 중요한가

현재 사용 중인 스마트폰은 10억 대 이상이다. 이는 여러분의 응용프로그램을 사용할 수 있는 수백만 명의 잠재 고객이 존재함을 의미한다. 그들은 모바일폰으로 일상적인 작업을 수행하고, 인터넷 서핑을 하며 사람들과 의사소통도 하고 쇼핑도 한다.

스마트폰은 앱과 동의어가 됐고, 지금은 여러분이 상상할 수 있는 거의 모든 종류의 앱이 존재한다. 대부분의 앱들은 데이터를 검색하고, 거래를 성사하고 뉴스를 수집하기 위해 인터넷에 연결한다.

여러분의 웹소켓 지식을 활용해 스마트폰이나 태블릿에서 동작하는 네이티 브 웹소켓 클라이언트를 개발할 수 있다면 얼마나 좋을까?

네이티브 모바일 앱 vs 모바일 웹 사이트

사실 이 문제의 대답은 여러분이 목표로 하는 고객이 누구인가에 달려 있다. 여러분이 현대적인 디자인 트렌드에 익숙하다면, 모바일에 반응적이고 친화 적인 웹 사이트로 디자인할 필요가 있다. 그러나 가장 중요한 문제는, 스마트 폰으로 액세스하는 콘텐츠가 데스크톱 브라우저를 통한 내용과 동일한지 확 인하는 것이다.

웹소켓을 사용하는 웹 응용프로그램은 어떤 HTML5 호환 브라우저에서도 실 행될 수 있다. iOS용 사파리나 크롬 모바일 같은 모바일 브라우저도 포함된 다. 따라서 현대적인 스마트폰에서 호환성 문제에 대해서는 걱정할 필요가 없다.

하지만 앱이 웹소켓과 함께 오프라인 저장, GPS, 통지[notification], 가속도계 같은 디바이스 종속 정보를 활용하는 경우는 어떨까? HTML과 자바스크립트 이외 의 네이티브 언어로 구현할 필요가 있을 것이다. W3C는 클라이언트가 카메 라나 GPS, 가속도계 같은 하드웨어에 접근할 수 있게 해주는 규격을 일부 정 의하고 있다. 하지만 현대 브라우저에서도 소수만이 이런 규격을 지원하고 있 다. 비록 이런 API를 통한 클라이언트 접근 방식의 미래가 더 흥미로워 보이 긴 하지만, 이 글을 쓰는 시점에서 실제 가능한 방법은 네이티브 접근 방식이다. iOS는 오브젝트C를 사용하고, 안드로이드는 자바를, 윈도우폰은 C#을 사용한다. 여러분의 모바일 사용자 시나리오가 스마트폰의 장점을 전혀 활용하지 않는다면, 브라우저 기반의 앱만 사용해도 무방하다. 그러나 스마트폰의 고유 기능이 필요하다면, 네이티브 솔루션이 필요하다. 이것이 바로 7장에서 다룰 내용이다.

전제 조건

스마트폰 앱 개발을 위해서는 개발 도구와 SDK를 설치해야 한다. 데모를 보여줄 예제의 배경 철학은, 세 개의 주요 운영체제인 iOS와 안드로이드, 윈도우 모두 동일하다.

만약 모바일 SDK가 설치돼 있지 않다면, 다음 중 하나를 선택하면 된다(모두 무료다).

플랫폼	타깃	SDK URL
iOS	아이폰, 아이패드	https://developer.apple.com/devcenter/ios/
안드로이드	안드로이드폰, 태블릿	http://developer.android.com/sdk/
윈도우	윈도우폰, 윈도우 8	http://developer.windowsphone.com/ develop & http://msdn.microsoft.com/ windows/apps

위의 SDK와 기술 중 적어도 하나 이상에 대해서 잘 알고 있다고 가정한다. 그렇지 않은 경우, 먼저 해당 개발자 포털에서 훌륭한 출발점을 제공해주는 온라인 리소스 및 튜토리얼을 먼저 숙지하는 것이 좋다.

이 책에서는 아이폰 OS에 대한 코드 샘플을 제공하고 있지만, 자신에게 가장 익숙한 플랫폼을 사용하면 된다.

SDK 설치

원하는 SDK를 다운로드한 후, 자동화된 설치 마법사를 따르면 된다. iOS SDK는 맥 운영체제에서만 동작하며, 윈도우 SDK는 윈도우 운영체제에서만, 안드로이드 SDK는 맥과 윈도우, 리눅스에서 동작한다. SDK와 함께 몇 가지 도구들이 자동으로 같이 설치된다.

- 스마트폰/태블릿 시뮬레이터
- 코드를 작성하고 디버깅할 수 있는 통합 개발 환경

실제 장치(폰이나 태블릿)에서 코드를 테스트하는 것이 가장 좋지만, 계속적인 디버깅이 필요한 환경에서 시뮬레이터는 정말 훌륭한 솔루션이 된다.

iOS에는 iOS6에서 동작하는 아이폰과 아이패드용 시뮬레이터가 있다.

다음 그림은 아이폰 시뮬레이터를 보여준다.

다음 그림은 아이패드 시뮬레이터를 보여준다.

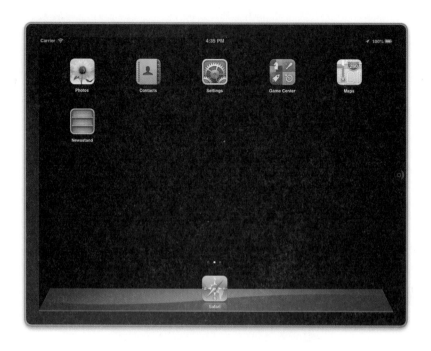

모바일 브라우저에서 기존 코드 테스트하기

2장에서 작성한 HTML과 자바스크립트 코드를 기억하는가? SDK와 시뮬레이터가 잘 설치됐다면, 시뮬레이터에 포함된 모바일 브라우저로 웹에 접근할수 있다. 로컬에 저장돼 있는 HTML과 CSS, 자바스크립트 파일 역시 웹 서버에 업로드할 필요 없이 바로 접근할 수 있다. 이 채팅 클라이언트는 아이패드에서 잘 동작한다.

다음 그림은 iOS용 사파리에서 동작하는 웹소켓 웹 응용프로그램을 보여준다(코드 수정 없음).

네이티브로 이동

응용프로그램이 장치에 종속적인 기능이나 오프라인 기능을 지원하면서, 웹이 사용 가능할 때는 여전히 웹소켓을 사용하고 싶다면 어떻게 할 것인가?

네이티브로 이동해야 한다.

다행히도 주요 모바일 플랫폼은 모두 웹소켓을 지원하고 있다. 따라서 서버 코드는 전혀 변경할 필요가 없다. 결국 HTML5는 아이폰이나 아이패드의 프론트엔드 클라이언트일 뿐이다. 자바스크립트 샘플과 동일한 기술을 사용해, 오브젝트C로 동일한 응용프로그램을 만들 수 있다. 이 과정은 다른 모바일 플랫폼에서도 유사해서 오브젝트C에 익숙하지 않더라도 크게 걱정할 필요는 없다.

프로젝트 만들기

먼저 iOS 앱 제작을 위해 애플에서 제공하는 개발 환경인 엑스코드XCode를 연
다. 안드로이드에서는 이클립스, 윈도우에서는 비주얼 스튜디오가 이에 해당
한다.

프로젝트 생성을 위해 다음 과정을 따라 한다.

1. Xcode를 실행하고 새로운 Creat a new XCode project를 클릭한다.

2. Single View Application을 생성한다. 원할 경우 프로젝트 이름과 함께,
   회사와 조직의 이름을 제공한다. 예를 들어 WebSocketsMobile이라는 이름
   으로 응용프로그램을 지정한다. 그리고 다음 스크린샷과 같이 저장할 로
   컬 폴더를 선택한다.

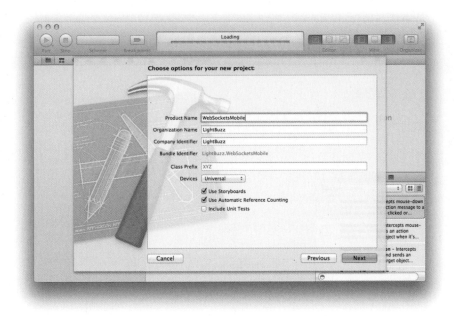

웹소켓 아이폰 앱 만들기

만약 실제 제품용 앱을 배포한다면 타깃 플랫폼을 위한 몇 가지 아이콘이 추가로 필요하다. 여기서는 이런 과정은 생략한다. 하지만 필요한 경우 언제든 자원을 추가하면 된다. 엑스코드가 필요한 파일을 자동으로 생성한다. Storyboard 파일(아이폰용과 아이패드용 각 하나씩)은 응용프로그램의 사용자 인터페이스를 생성해주고, ViewController 파일은 모든 프로그램 로직을 처리한다.

다음 스크린샷은 아이폰 앱의 초기 UI를 보여준다.

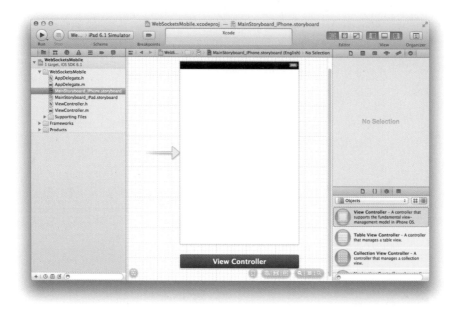

1. Interface Builder에 일부 컨트롤을 추가한다. 학습 목적을 위해 최대한 간단하게 만든다. 메시지 작성을 위해 UITextField를 추가하고, 메시지 전송을 위한 버튼과 함께 채팅 메시지를 표시하기 위해 UILabel을 추가한다. 라벨의 라인 수를 0(즉, 무한)으로 설정한다. Assistant editor(http://www.techotopia.com/index.php/Establishing_Outlets_and_Actions_using_the_Xcode_Assistant_Editor)를 사용해 View Controller와 연결하는 것을 잊지 말자. 다음 스크린샷은 아이폰 앱의 사용자 인터페이스를 보여준다.

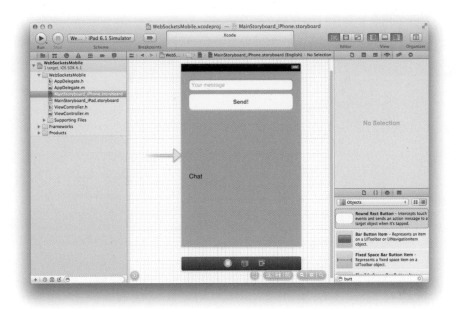

2. UnittWebSocketClient 라이브러리를 다운로드하고 이를 프로젝트에 포함시킨다. 이 라이브러리가 웹소켓 기능의 대부분을 처리한다. 다른 라이브러리를 사용하거나 직접 만들 수도 있다. 자세한 내용은 웹 페이지(https://code.google.com/archive/p/unitt/wikis/UnittWebSocketClient.wiki)의 지시 사항을 따른다.

3. 프로젝트에 라이브러리의 헤더 파일을 포함시키고 View Controller를 WebSocketDelegate로 지정한다. 그런 다음 자바스크립트와 동일하게 해당 이벤트를 처리한다.

```
// ViewController.h

#import <UIKit/UIKit.h>
#import "WebSocket.h"
@interface ViewController : UIViewController <WebSocketDelegate>
@end
```

```objc
// ViewController.m

#import "ViewController.h"

@interface ViewController ()

@end

@implementation ViewController

- (void)viewDidLoad
{
  [super viewDidLoad];
}

- (void)didReceiveMemoryWarning
{
  [super didReceiveMemoryWarning];
}

- (void)didOpen
{
  // JavaScript event: OnOpen
}

- (void)didClose:(NSUInteger)aStatusCode message:(NSString *)
aMessage error:(NSError *)aError
{
  // JavaScript event: OnClose
}
```

```
- (void)didReceiveError:(NSError *)aError
{
  // JavaScript event: onerror
}


- (void)didReceiveTextMessage:(NSString *)aMessage
{
  // JavaScript event: OnMessage
}


- (void)didReceiveBinaryMessage:(NSData *)aMessage
{
  // JavaScript event: OnMessage
}


@end
```

4. 이제 자바스크립트 샘플에서 했던 것처럼, 메소드를 채울 차례다. 응용프
로그램의 실행을 설정하기 위해 수행해야 할 작업은 다음과 같다.

```
// ViewController.h

@interface ViewController : UIViewController <WebSocketDelegate>
{
  // 새로운 웹소켓 오브젝트 생성
  WebSocket *socket;
}


// ViewController.m

- (void)viewDidLoad
```

```objc
{
    [super viewDidLoad];

    // 웹소켓 구성 지정. 필요한 매개변수는 URL 뿐임
    WebSocketConnectConfig *config = [WebSocketConnectConfig
        configWithURLString:@"ws://echo.websocket.org"
        origin:nil protocols:nil tlsSettings:nil headers:nil
            verifySecurityKey:YES extensions:nil];

    // 웹소켓 오브젝트 초기화
    socket = [WebSocket webSocketWithConfig:config
        delegate:self];

    // 웹소켓 연결을 열고 이벤트 수신 시작
    [socket open];
}


- (void)didReceiveTextMessage:(NSString *)aMessage
{
    // JavaScript event: OnMessage

    labelChat.text = [NSString stringWithFormat:@"%@\r%@",
        labelChat.text, aMessage];
}


- (IBAction)sendTapped:(id)sender
{
    [socket sendText:textMessage.text];
}
```

다음 그림은 동작 중인 네이티브 iOS 웹소켓 클라이언트를 보여준다.

아이패드용 앱 작성

지금까지 작성한 앱은 아이패드에서도 잘 동작하지만, 별도의 태블릿용 인터 페이스를 제공하는 것이 더 좋다. MainStoryboard_iPad.storyboard 파일을 찾아, UI 요소를 재배열하고 태블릿 고유의 기능을 제공한다. 그런 다음, 프로젝트 타깃을 선택한 뒤 요약 탭에서 iPad Deployment Info 옵션을 확장해 MainStoryboard_iPad가 선택돼 있는지 확인한다. 앱이 복잡하지 않거나 아이폰만을 대상으로 한다면, iPhone storyboard를 선택하면 된다. 이 경우 누군가가 이 앱을 아이패드에서 동작시키면, 아이패드 중앙에 작은 화면으로 표시된다.

요약

7장에서는 웹소켓이 어떻게 연결된 모바일 및 태블릿 클라이언트 사이에서 메시지를 전송하는 보편적인 허브 역할을 수행하는지 알아보았다. 또한 HTML5 자바스크립트 클라이언트와 동일하게 웹소켓 서버와 통신하는 네이티브 iOS 응용프로그램을 구현했다.

부록

책 한 권에 모든 내용을 다 담을 수는 없다. 고의 또는 실수로 몇 가지 사항들이 생략됐다. 부록에서는 웹소켓 세계에 좀 더 깊이 빠져들게 해줄 몇 가지 추가 항목들을 제공한다.

자원

웹소켓 API는 날마다 확장되고 있다. 앞으로의 변화에 따라갈 수 있게, 북마크해놓고 읽을 만한 몇 가지 온라인 리소스를 제공한다.

온라인 소스

다음 웹 사이트는 웹소켓 프로토콜과 응용프로그램, 실제 사례에 대한 최신 콘텐츠를 제공해주고 있다. 잘 살펴보고 가장 좋아하는 웹 사이트를 북마크해두자.

WebSocket.org	http://www.websocket.org/
웹 플랫폼 닥스	https://webplatform.github.io/docs/
HTML5 rocks	http://html5demos.com/
HTML5 데모	http://html5demos.com/
모질라 개발자 네트워크	https://developer.mozilla.org/en-US/docs/WebSockets
웹소켓 API(W3C)	http://www.w3.org/TR/2009/WDwebsockets-20091222/[1]

기사

좀 더 생각할 거리가 필요한가? 다음 기사들은 잘 알려진 블로거들의 개인적인 의견을 제시하고 있다. 다소 논쟁적인 주제도 있지만, 기사들을 읽다 보면 웹 세계에서는 흑백논리가 존재하지 않는다는 사실을 깨달을 것이다.

웹소켓 vs REST… 대결!	http://nbevans.wordpress.com/2011/12/16/websockets-versus-rest-fight/
필수 HTML5 웹소켓 치트 시트	http://refcardz.dzone.com/refcardz/html5-websocket[2]
당신의 할머니가 웹소켓을 사용하게 하시겠습니까?	https://community.qualys.com/blogs/securitylabs/2012/08/15/would-you-letyour-grandma-use-websockets
사용자는 당신이 웹소켓을 사용하는지 상관하지 않는다.	http://www.hanselman.com/blog/YourUsersDontCarelfYouUseWebSockets.aspx
웹소켓과 미완성 표준의 위험	http://news.cnet.com/8301-30685_3-20025272-264.html

---

1 현재 웹소켓 API는 HTML5 규격에 포함돼 Living Standard로 관리되고 있다. HTML5 Living Standard는 https://html.spec.whatwg.org/multipage/web-sockets.html에서, W3C에서 개발하던 WebSocket API의 최종 규격은 https://www.w3.org/TR/websockets/에서 확인할 수 있다. - 옮긴이

2 2020년 9월 확인 결과, 현재는 유효하지 않은 링크다. - 옮긴이

소스 코드

이 책에서 설명한 소스 코드는 웹 사이트(http://pterneas.com/books/websockets/source-code)에서 온라인으로 확인할 수 있다. 링크는 항상 최신 트렌드와 표준에 맞춰 업데이트될 것이다.

모든 파일은 다운로드해서 자유롭게 수정해 사용할 수 있다.

시스템 요구 사항

웹 표준은 크로스 플랫폼 메커니즘이다. 이는 클라이언트 측의 소스 코드가 어떤 HTML5 호환 브라우저에서도 잘 동작함을 의미한다. 파일 수정을 위한 노트패드나 GEdit 같은 텍스트 편집기만 있어도 충분하다.

서버 측 코드는 모노 프레임워크(http://www.mono-project.com)를 지원하는 모든 운영체제에서 실행할 수 있지만, 윈도우에서만 테스트했다. 마지막으로 iOS 소스 코드는 엑스코드 개발 환경과 함께 맥 컴퓨터가 필요하다.

자신의 프로젝트를 구성하기 위해 어떤 운영체제나 서버 측 라이브러리, IDE도 선택해 사용할 수 있다는 사실을 명심하자. 주요 로직과 기능은 동일하게 유지된다.

연락

버그를 발견했거나 제안할 변경 사항이 있는가? 기꺼이 독자의 의견을 청취하고 가능한 한 빨리 문제를 해결하도록 노력하겠다. 이메일(vangos@pterneas.com)로 메시지를 보내주기 바란다.

찾아보기

HTML5 웹소켓 프로그래밍

안전하고 확장 가능한 실시간 웹 애플리케이션 개발

발　행 | 2014년 12월 19일

지은이 | 밴고스 피터니어스
옮긴이 | 류영선

펴낸이 | 권성준
편집장 | 황영주
편　집 | 조유나
디자인 | 박주란

에이콘출판주식회사
서울특별시 양천구 국회대로 287 (목동)
전화 02-2653-7600, 팩스 02-2653-0433
www.acornpub.co.kr / editor@acornpub.co.kr

한국어판 ⓒ 에이콘출판주식회사, 2014, Printed in Korea.
ISBN 978-89-6077-648-7
ISBN 978-89-6077-210-6 (세트)
http://www.acornpub.co.kr/book/html5-websocket

이 도서의 국립중앙도서관 출판시도서목록(CIP)은 서지정보유통지원시스템 홈페이지(http://seoji.nl.go.kr)와
국가자료공동목록시스템(http://www.nl.go.kr/kolisnet)에서 이용하실 수 있습니다.(CIP제어번호: CIP2014036241)

책값은 뒤표지에 있습니다.